敦煌學與五涼史論稿
下冊

馮培紅　著

目次

下冊

漢唐敦煌大族與西域邊防

　　從中原王朝的西北邊防角度來看，敦煌位於河西走廊的西端，西通西域，南、北分別為青藏高原與蒙古高原，自漢至唐這裡一直是個重要的邊防要塞，是中原王朝經營西域的前沿基地。漢晉十六國，敦煌郡還行使著管轄西域的權力；[1] 北朝隋唐，敦煌郡雖然不再轄領西域，[2] 但它依然發揮著中原王朝經營西域的基地作用。學界過去對漢唐時期西域邊防的研究，較多地注意西域地區發生的屯田、和親、戰爭及民族融合等事，而對敦煌在西域經營事務中所起的作用方面論述未多。劉光華曾對東漢敦煌與西域的關係作過探討，認為東漢政府在敦煌有特殊的建置，同時還擴大了敦煌太守的職權，使其成為轄理西域

1　前涼張駿時期，敦煌一度設立沙州，張祚時改名商州，事見《晉書》卷一一四《地理志上》，第 434 頁。

2　北朝及隋初，實行州郡縣三級制。北魏初置敦煌鎮，後改曰瓜州、義州，事見李吉甫《元和郡縣圖志》卷四〇《隴右道下》「沙州」條記載北魏「明帝罷鎮立瓜州，以地為名也，尋又改為義州，莊帝又改為瓜州」，下冊，第 1025 頁。瓜州或義州下轄敦煌郡，但到隋開皇三年（583）以後則實行二級制，罷瓜州，置敦煌郡，唐初又改稱瓜州、西沙州、沙州，天寶元年至乾元元年（742-758）又名敦煌郡。

的重要基地。[3]這為我們進一步探索從漢至唐千年間的敦煌與西域關係開了個好頭。彭豐文從大族的角度，考察了漢至十六國時期包括敦煌大族在內的河隴大族在西北邊疆開發中的作用，不過涉及與西域發生連繫的地方卻不多。[4]作為軍事上的前沿基地，敦煌在西域經營史上發揮的積極作用是顯而易見的，以往的研究主要關注於中原王朝對西域的政策及整體經營，大多見事不見人，即或所見之人也多是來自中原內地的軍事將領，而對毗鄰的河隴人尤其是敦煌人注目極少。從敦煌、吐魯番出土的文獻與墓誌可以發現，很多敦煌大族在西域地區領兵作戰，或者任職、移民於西域，為中原王朝和割據於河西的區域政權經營開發西域、維護西域邊防做出了重要貢獻。茲結合利用傳世史籍與出土資料，對漢唐時期敦煌大族與西域邊防的關係略作探討，以期彌補這一歷史缺環。

一、東漢至西晉的敦煌大族與西域經營

自從西漢武帝開發河西以後，陸續遷徙了許多中原民眾來到這裡。據現有資料可知，西遷到敦煌郡的索、曹、張、氾、令狐等氏，大多是以犯罪避禍、拓邊征戰等途徑而入徙敦煌的。漢武帝至王莽時期，他們在敦煌立足未久，其勢力還談不上成為豪強大族。[5]另一方面，西漢時受命出征及駐守西域的將領，均由朝廷直接派遣，大多來

3　劉光華：《論東漢敦煌在中原與西域關係中之重要地位》，載《1983 年全國敦煌學術討論會文集（文史・遺書編）》，上冊，第 27-44 頁。

4　彭豐文：《漢魏十六國時期河隴大族勢力的崛起及其在西北邊疆開發中的作用》，載《中國邊疆史地研究》2003 年第 4 期。

5　馮培紅：《漢晉敦煌大族略論》，載《敦煌學輯刊》2005 年第 2 期。

自中原內地，如征西將軍趙破奴、李廣利，西域都護鄭吉、甘延壽、
郭舜、韓宣、段會宗、廉褒、孫建、但欽、李崇，高昌戊己校尉常
惠、司馬熹、徐普、刀護、郭欽、等等，[6]而無出自河西者，這也反映
出當時的敦煌人還沒有在西漢經營西域的事功中揚名，起主導作用的
是中央政府及其內地將領。從《漢書》卷九六下《西域傳下》還可以
看到，這些駐守在西域的漢朝官兵還攜帶了家眷一同前往。[7]

　　這種情況到東漢前期逐漸發生變化。東漢中央由於國力衰落，對
經營西域之事感到力不從心，「自建武至於延光（25-125），西域三絕三
通」。[8]在此情況下，東漢王朝不再過多地從中原內地調兵遣將前往西
域，而是就近動用和依靠河西、尤其是敦煌的軍民去經營西域。這是
兩漢西域政策的最大區別之處，也給東漢敦煌大族憑藉在西域建立軍
功而崛起創造了機會。關於這一點，早在西漢時期，「西域都護段會宗
為烏孫兵所圍，驛騎上書，願發城郭、敦煌兵以自救」，[9]就已可發現其
端倪。及至東漢，敦煌郡因地近西域，更加積極地參與西域事務。翻
閱《後漢書》卷八八《西域傳》，可以看到敦煌太守裴遵、曹宗、張
璫、張朗、徐由、馬達（司馬達）、宋亮等人經常處理西域事務，表明
了敦煌郡轄理西域的密切關係。尤其是在漢安帝永初元年（107）詔罷

6　除以上諸人外，《漢書》卷九六《西域傳》（第3871-3932頁）還記載王恢、任文、傅
　　介子、文忠、趙德、陳湯、奚充國、馮奉世、魏和意、任昌、張遵、張翁、季都、竺
　　次、樂奉、馬通、殷廣德、王萌、甄豐、陳良、終帶、韓玄、任商、芝音、王駿，以
　　及細君公主、解憂公主、馮嫽等人，也全都來自中原內地，而無河西者。

7　《漢書》卷九六下《西域傳下》記載王莽時，戊己校尉史陳良等人謀叛匈奴，「遂殺
　　校尉刀護及子男四人、諸昆弟子男，獨遣婦女、小兒。止留戊己校尉城，遣人與匈奴
　　南將軍相聞，南將軍以二千騎迎良等。良等盡脅略戊己校尉吏士男女二千餘人人匈
　　奴」，第3926頁。可見在西漢及王莽時期，駐紮在西域的官兵是攜帶家眷前往的。

8　《後漢書》卷八八《西域傳》，第2912頁。

9　《漢書》卷七〇《陳湯傳》，第3022頁。

都護後：

自此遂棄西域。北匈奴即復收屬諸國，共為 邊寇十餘歲。敦煌太守曹宗患其暴害，元初六年（119），乃上遣行長史索班，將千餘人屯伊吾以招撫之，於是車師前王及鄯善王來降。數月，北匈奴復率車師後部王共攻沒班等，遂擊走其前王。鄯善逼急，求救於曹宗，宗因此請出兵擊匈奴，報索班之恥，復欲進取西域。鄧太后不許，但令置護西域副校尉，居敦煌，復部營兵三百人，羈縻而已。其後北虜連與車師入寇河西，朝廷不能禁，議者因欲閉玉門、陽關，以絕其患。[10]

可見到東漢安帝時，由於朝廷棄守西域，敦煌成了東漢王朝的邊防前線，西域事務多由敦煌郡守負責處理，甚至連西域副校尉也寄居在敦煌。其實，西域副校尉寄理敦煌並非是到一一九年以後才有的事，據向鄧太后提出這一建議的班勇說：「舊敦煌郡有營兵三百人，今宜復之，復置護西域副校尉，居於敦煌，如永元（89-105）故事」，[11]可知早在漢和帝永元年間就已如此。

上面提到的七位東漢敦煌太守，從姓氏上看，其中曹、張、宋有出自傳統的敦煌大姓之可能。[12]按照漢代地方州郡長官必用外籍人而屬吏則為本地人的制度，[13]他們似乎均非敦煌人。不過，考慮到東漢時代

10　《後漢書》卷八八《西域傳》，第 2911 頁。

11　《後漢書》卷四七《班超附班勇傳》，第 1587-1588 頁。

12　馮培紅：《漢宋間敦煌家族史研究回顧與述評（上）》，載《敦煌學輯刊》2008 年第 3 期；馮培紅、孔令梅：《漢宋間敦煌家族史研究回顧與述評（中）》，載《敦煌學輯刊》2008 年第 4 期。

13　嚴耕望：《中國地方行政制度史》乙部《魏晉南北朝地方行政制度》，下冊，第 382-386、862-867 頁。

敦煌郡地位的特殊性，當時經營與轄理西域的嚴峻形勢很可能使得敦
煌郡的長官任用制度出現了變通。這種由敦煌本地人出任郡守、縣令
等長官的例子，直到十六國、北朝仍然有之。[14]顯然，任用當地大族為
郡守能更好地激起他們保家衛國的熱情。前揭敦煌太守曹宗、行長史
索班二人，即為敦煌大族之代表。張澍輯《續敦煌實錄》卷二首列索
班，卷三次列曹宗，都把他們當作敦煌人，並在「索班」條下作按語：
「此索班，漢史雖不著其地望，然太守曹宗即敦煌人，而長史必本郡人
可知。」[15]行敦煌郡長史是敦煌郡的屬吏，索班為敦煌人是毫無疑義
的。至於曹宗，查《續敦煌實錄》卷三《曹宗》，並未發現曹宗為敦煌
人的證據。《古今姓氏書辯正》卷一一「曹」條提到一位「敦煌太守
曹」，名字殘缺，當即曹宗。[16]他以本地人而當上敦煌太守，原因或如
前述。我們不知道曹宗與索班是否結成了本地大族之間的婚姻圈，但
曹宗念念不忘出兵西域，為索班復仇，或許就是基於本地大族的集團
利益或婚姻關係。班勇在朝廷中上書議事說：「今曹宗徒恥於前負，欲
報雪匈奴，而不尋出兵故事，未度當時之宜也。夫要功荒外，萬無一
成，若兵連禍結，悔無及已。況今府藏未充，師無後繼，是示弱於遠
夷，暴短於海內，臣愚以為不可許也。」[17]班超、班勇父子一直致力於

14　如李昉等《太平御覽》卷四七九《人事部一百二十・報恩》引《張氏家傳》曰：「禧
　　字彥祥，除效谷令」，中華書局 1960 年版，第 3 冊，第 2197 頁。張禧亦見張澍輯《續
　　敦煌實錄》卷一，甘肅人民出版社 1985 年版，第 17 頁。《周書》卷三六《令狐整傳》
　　云：「令狐整，字延保，敦煌人也，本名延，世為西土冠冕。……父軌，早以名德著
　　聞，仕歷瓜州司馬、敦煌郡守、郢州刺史，……眾議推整為刺史」，「乃以休（整之
　　弟）為敦煌郡守。在郡十餘年，甚有政績」，第 641-644 頁。

15　張澍輯：《續敦煌實錄》卷二《索班》、卷三《曹宗》，第 28、51 頁。

16　鄧名世：《古今姓氏書辯正》卷一一《六豪》「曹」條，江西人民出版社 2006 年版，
　　第 162 頁。

17　《後漢書》卷四七《班超附班勇傳》，第 1587 頁。

經營西域，但此時連班勇都對曹宗這次出兵行動持反對態度，可見曹宗不僅僅是作為敦煌太守，而是體現出敦煌大族對經營西域的進取姿態。

如果說東漢前期的曹宗是敦煌人還只是出於猜測的話，那麼東漢後期出任西域戊部司馬的曹全則是地地道道的敦煌大族。《郃陽令曹全碑》云：「君諱全，字景完，敦煌效谷人也」，其先祖在漢武帝開疆拓土時，逐漸向西遷徙，「子孫遷於雍州之郊，分止右扶風，或在安定，或處武都，或居隴西，或家敦煌，枝分葉布，所在為雄」，可見敦煌曹氏已經成為稱雄當地的大族了。其鄉人為之諺曰：「重親致歡曹景完」（圖 3-1），也顯示出敦煌曹氏以孝為主的大族特徵，為鄉里所推重。碑文記載：

建寧二年（169），舉孝廉，除郎中，拜西域戊部司馬。時疏勒國王和德弒父篡位，不供職貢。君興師征討，有允（吮）膿之仁，分醪之惠。攻城野戰，謀若湧泉，威牟諸賁。和德面縛歸死。還師振旅，諸國禮遺且二百萬，悉以簿官。遷右扶風槐里令。[18]

曹全起初在河西做官，後來出任西域戊部司馬，討平篡奪疏勒國王位的和德之叛亂，在漢末重樹了東漢王朝在西域的權威。此事在《後漢書》卷八八《西域傳》裡記載大同而略異，所異者一是曹全的官名、人名寫作了「戊司馬曹寬」，二是和德的人名寫作「和得」，這是音譯

18　王昶：《金石萃編》卷一八《郃陽令曹全碑》，第 1 冊，第 1 頁。

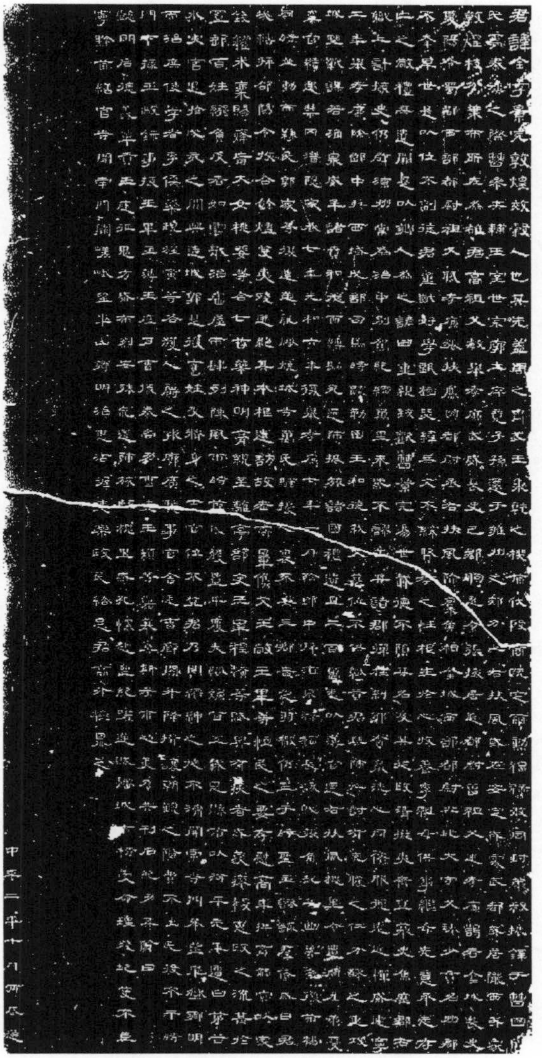

▲ 圖 3-1　《郃陽令曹全碑》（部分）

不同所致，另外輩分發生了錯位，和德弒父變成了被季父和得射殺。[19]
馬雍認為，曹全與曹寬的姓氏、官名、時代、事跡基本相同，兩者實
為同一人。[20]這說明，直到東漢後期，作為敦煌大族的曹氏依然致力於
西域經營事務。從細節上來看，《後漢書》卷八八《西域傳》告訴我
們，一六七年疏勒發生和德篡位事件；《郃陽令曹全碑》進一步說，一
六八年曹全被任命為西域戊部司馬，其任務就是討伐和德之亂；《西域
傳》又載，一六九年涼州刺史孟佗派遣從事任涉率領敦煌兵五百人，
與西域戊部司馬曹全、西域長史張晏率領的西域諸國兵三萬餘人，共
討疏勒。不僅任職西域的曹全是敦煌大族，而且河西支援西域的任涉
部隊仍然是敦煌兵，張晏也可能出自敦煌大族張氏，擔任了西域地區
的最高指揮官。這些都體現出東漢敦煌大族對西域邊防的特殊性與重
要性。

　　在張澍所輯《續敦煌實錄》中，東漢列有索班、索頵、索勘三
人。[21]李鼎文考證其出處分別為：

　　(1) 索班：《後漢書》卷四七《班勇傳》、卷八八《西域傳》皆記
載，元初六年（119），敦煌太守曹宗遣長史索班將千餘人屯伊吾，車
師前王、鄯善王皆來降班。後數月，北匈奴單于與車師後部王共攻沒

19　《後漢書》卷八八《西域傳》云：「至靈帝建寧元年（168），疏勒王、漢大都尉於
　　獵中為其季父和得所射殺，和得自立為王。三年（170），涼州刺史孟佗遣從事任涉
　　將敦煌兵五百人，與戊司馬曹寬、西域長史張晏，將焉耆、龜茲、車師前後部，合三
　　萬餘人，討疏勒，攻楨中城，四十餘日不能下，引去。其後疏勒王連相殺害，朝廷亦
　　不能禁」，第2927頁。

20　馬雍：《東漢〈曹全碑〉中有關西域的重要史料》，載《西域史地文物叢考》，文物出
　　版社1990年版，第41-45頁。曹全景完，「完」、「寬」二字形近，極易致誤。

21　張澍輯：《續敦煌實錄》卷二，第28-29頁。

班，進擊走前王，略有北道。[22]

（2）索頵：《後漢書》卷八八《西域傳》記載，永元「八年（96），戊己校尉索頵欲廢后部王涿鞮，立破虜侯細致」。[23]

（3）索勱：《水經注》卷二《河水注二》云：「敦煌索勱，字彥義，有才略，刺史毛奕表行貳師將軍，將酒泉、敦煌兵千人，至樓蘭屯田。……大田三年，積粟百萬，威服外國」，注文中還記錄了他在樓蘭治理水利的神奇傳說，說明在西域屯田取得了積極的效果。[24]

以上三人中，唯索勱被明確標為敦煌人，而索班、索頵則未言其籍貫。前揭張澍以「長史必本郡人可知」將索班認定為敦煌人，當可信從。池田溫在考釋 P.2625《敦煌名族志》時，曾指出「索氏」條所載「其撫玄孫翊，字厚山，有文武才，明兵法，漢安帝永初六年（112）拜行西域長史」中的索翊，即為索班，稱這「當是索班於元初六年（119）行敦煌長史招撫伊吾一事的誤記」。[25]索翊是漢武帝時從鉅鹿西遷敦煌的太中大夫索撫之玄孫，從時代推算當在東漢前期，但一一二年的行西域長史索翊，不應當是一一九年的行敦煌長史索班，兩人名字既異，官職也不同。可以認定的是，索翊、索班均為敦煌人，都參與了西域地區的活動。此外，西域戊己校尉索頵也是敦煌人，這可見

22　《後漢書》卷四七《班超附班勇傳》、卷八八《西域傳》，第 1587、2911 頁。

23　《後漢書》卷八八《西域傳》，第 2929-2930 頁。

24　酈道元：《水經注》卷二《河水注二》，參陳橋驛《水經注校釋》，杭州大學出版社 1999 年版，第 20 頁。

25　〔日〕池田溫：《唐代氏族志の一考察——いわゆる敦煌名族志殘卷をめぐって——》，載《北海道大学文学部紀要》第 13 卷第 2 號，1965 年。漢譯文參池田溫著、韓昇譯《唐朝氏族志研究——關於〈敦煌名族志〉殘卷》，載劉俊文主編《日本學者研究中國史論著選譯》第 4 卷《六朝隋唐》，中華書局 1992 年版，第 676 頁。

於 P.2625《敦煌名族志》：

> 後漢有索頵，明帝永平（58-75）中為西域戊己校尉，居高昌城。
> 頵子堪，字伯高，才明，舉孝廉、明經，對策高弟（第），拜尚書郎，
> 稍遷幽州刺史。

索頵是東漢初期的敦煌人，於永平年間出任西域戊己校尉，駐守在高昌城。池田溫根據《後漢書》卷八八《西域傳》所載東漢和帝永元八年（96）戊己校尉索頵廢立車師後部王之事，指出《敦煌名族志》中的「明帝永平中」是「和帝永元中」之誤。[26] 不過，該傳記述東漢竇固擊取伊吾盧、開通西域，事在漢明帝永平十七年（74），「始置都護、戊己校尉」，[27] 索頵在永平時就已出任西域戊己校尉，永元時仍任其職。

索氏在西漢時西遷至敦煌，到東漢初依靠在西域建立軍功，逐漸發展成為大族。行西域長史索翊、西域戊己校尉索頵、出屯伊吾的行敦煌長史索班、屯田樓蘭的行貳師將軍索勘，都出自敦煌索氏，該家族可謂人才輩出。任用敦煌大族索氏人物擔任西域各地的重要官職，也完全符合東漢王朝的西陲政策。及至西晉，索靖既是一名出色的書法家，同時又是經營西域的政府官員。

《晉書》卷六〇《索靖傳》云：

26　〔日〕池田溫：《唐代氏族志の一考察——「いわゆる敦煌名族志殘卷をめぐって——」，載《北海道大学文学部紀要》第 13 卷第 2 號，1965 年。

27　《後漢書》卷八八《西域傳》，第 2909 頁。卷二《顯宗孝明帝紀》亦載，永平十七年（74）「冬十一月，遣奉車都尉竇固、駙馬都尉耿秉、騎都尉劉張出敦煌崑崙塞，擊破白山虜於蒲類海上，遂入車師。初置西域都護、戊己校尉」，第 122 頁。

　　索靖，字幼安，敦煌人也。累世官族，……拜駙馬都尉，出為西域戊己校尉、長史。[28]太子僕同郡張勃特表，以靖才藝絕人，宜在臺閣，不宜遠出邊塞。武帝納之，擢為尚書郎。

此時的敦煌索氏已經成為「累世官族」，在晉都洛陽的太學裡被譽為「敦煌五龍」中的索靖、索紾、索永，[29]全都出自敦煌索氏。索靖出任西域戊己校尉、西域長史等職，負責西晉西域經營事務，正是延續了東漢以來的傳統。後因太子僕、同郡張勃的表薦，[30]認為索靖才藝絕人，「不宜遠出邊塞」，才被晉武帝內調為尚書郎。

　　S.1889（敦煌氾氏家傳並序）輯錄了漢至前涼間的氾氏家族人物，[31]其中提到：

　　氾緒，字叔縱，為西域長史洋之曾孫也。敦方正直，嘗於當郡別駕令狐富授（受）《春秋》、《尚書》。

28　中華書局標點本《晉書》作「西域戊己校尉長史」，未作斷句，容易使人認為索靖是西域戊己校尉下的長史，然根據學者對戊己校尉之屬官的研究，認為「首先是司馬……其次是丞……其下是史……校尉的部下兵卒，主要分為五個部分，這就是前、後、左、右、中曲候。令史」（見孟憲實：《高昌歷史與漢唐文化》，齊魯書社 2004年版，第 62 頁），則西域戊己校尉下面無長史，故此當點逗為「西域戊己校尉、長史」，後者當指西域長史。

29　索永在 P.2625（敦煌名族志）中作「索綰」。

30　張勃又寫作「張敫」，是下面提到的張恭之孫、張就之子。《三國志》卷一八《魏書·閻溫傳》裴松之注引《世語》云：「就子敫，字祖文，弘毅有幹正，晉武帝世為廣漢太守。……敫，一本作勃」，中華書局 1959 年版，第 551 頁。

31　關於這件家傳的研究，參池田溫：《敦煌氾氏家傳殘卷について》，載《東方学》第24 輯，1962 年；王仲犖：《敦煌石室地志殘卷考釋》之《〈敦煌氾氏人物傳〉考釋》，上海古籍出版社 2007 年版，第 177-183 頁；郭鋒：《晉唐時期的譜牒修撰》，載《中國社會經濟史研究》1995 年第 1 期。

按照在家傳中的排序，氾緒當為晉涼時人，則其曾祖氾洋約活動在東漢時，也曾出任西域長史這一西域地區的最高官職。

令狐氏早在王莽時期就進入了西域，《新唐書》卷七五下《宰相世系表五下》「令狐氏」條云：

> 十四世孫漢建威將軍邁，與翟義起兵討王莽，兵敗死之。三子：伯友、文公、稱，皆奔敦煌。伯友入龜茲，文公入疏勒，稱為故吏所匿，遂居效穀（谷）。稱六子：扶、堅、由、羨、瑾、猛。由字仲平，後漢伊吾都尉。

令狐邁三子為了逃避王莽的迫害，從中原往西逃難，長子令狐伯友、次子令狐文公進入龜茲、疏勒等西域地區，幼子令狐稱則定居於敦煌郡效谷縣，[32]逐漸發展成為本地區的世家大族。東漢初，令狐稱的第三子令狐由出任伊吾都尉，也在西域建立軍功。

前揭《後漢書》卷八八《西域傳》所載七位敦煌太守，其中張姓占了兩位。漢安帝延光二年（123），敦煌太守張璫上書三策，請求經營西域北道，這一上書在東漢廷議中得到了尚書陳忠的支持，遂有班勇屯柳中、破車師之勝舉；永建二年（127），班勇又與敦煌太守張朗擊破焉耆。張璫、張朗雖然在《敦煌實錄》輯本與《續敦煌實錄》中未見收錄，但張氏是漢代以來敦煌的傳統大姓，再比照同時代敦煌大族曹宗官任敦煌太守、遣兵進取西域之事跡，則敦煌太守張璫、張朗

32　令狐稱在《唐故棣州刺史兼侍御史敦煌令狐梅墓誌銘並序》中作「令狐鴻」：「西漢王莽居攝，將遷漢祚。遠祖建威將軍邁與翟義同謀匡復漢室，事洩，為莽所害，邁子鴻逃匿敦煌，因家焉，遂為西州著姓。」參喬棟：《唐棣州刺史令狐梅墓誌考釋》，載《中原文物》1994 年第 3 期。

很可能也是本地人，出自著名的敦煌張氏。如前所論，一六九年涼州
從事任涉與西域戊司部馬曹寬、西域長史張晏合討疏勒，張晏也可能
是敦煌大族。如果說以上三位東漢張氏人物還不一定能確認為敦煌人
的話，那麼漢末魏初的張恭則明確為敦煌大族，《三國志》卷一八《魏
書·閻溫傳》云：

> 先是，河右擾亂，隔絕不通，敦煌太守馬艾卒官，府又無丞。功
> 曹張恭素有學行，郡人推行長史事，恩信甚著，乃遣子就東詣太祖，
> 請太守。……別遣鐵騎二百，迎吏官屬，東緣酒泉北塞，徑出張掖北
> 河，逢迎太守尹奉。……黃初二年（221），下詔褒揚，賜恭爵關內侯，
> 拜西域戊己校尉。數歲征還，將授以侍臣之位，而以子就代焉。恭至
> 敦煌，固辭疾篤。太和（227-233）中卒，贈執金吾。就後為金城太
> 守，父子著稱於西州。

同書卷一六《倉慈傳》記載：「太和中，遷敦煌太守。郡在西陲，以喪
亂隔絕，曠無太守二十歲，大姓雄張，遂以為俗。前太守尹奉等，循
故而已，無所匡革。」在漢末馬艾、曹魏尹奉之間的二十年間，由於中
原戰亂動盪，無暇西顧，中央朝廷長期沒有派遣敦煌太守，甚至連郡
丞亦無，而由本地大族把持著地方社會。《魏書》卷五二《張湛傳》載
其為「敦煌人，魏執金吾恭九世孫也」，可知張恭就是敦煌大族，他初
為本郡功曹，後來被當地人推舉為行長史事，成為實際上的敦煌郡最
高長官。張恭審時度勢，歸順曹操，迎接中原派來的敦煌太守尹奉。

魏朝建立後的翌年（221），張恭被任命為西域戊己校尉，[33]稍後其子張就襲任該職，反映了曹魏繼承東漢以敦煌大族經營西域的政策。魏晉時期，樓蘭出土文書中有一些張、陰、氾等氏人物，很可能就出自敦煌大族。[34]

筆者曾指出，「敦煌大族實際形成於東漢」，「東漢前期，敦煌大族大多以軍功起家，憑藉在西域立功任職提高本家族的地位」。[35]從上述曹、索、氾、令狐、張等氏來看，確實如此。正是由於東漢中央無力直接經營西域，難以像西漢時那樣從中原派遣官吏，長途調遣兵馬，而只好依靠河西尤其是敦煌地區的軍民力量，通過敦煌郡轄理經營西域。敦煌民眾為了保家衛國，積極參與西域事務，並且趁此機會在西域建功立業，壯大了本家族的勢力，形成了敦煌大族。進入魏晉，中原內亂不斷，無暇西顧，只得繼續沿用東漢政策，仍然依靠張恭父子、索靖等敦煌大族的力量來經營西域。

二、十六國北朝敦煌大族之流寓高昌

西晉滅亡後，在河西地區建立了五個稱「涼」的地方割據政權，另外前秦、後秦等勢力也曾一度介入河西，進行過短暫的統治。十六國時期，諸涼王國及前秦經營西域，尤其是前涼張駿始置高昌郡，加

33　《三國志》卷二《魏書・文帝紀》記載，黃初三年（222）「二月，鄯善、龜茲、于闐王各遣使奉獻，……是後西域遂通，置戊己校尉」，第 79 頁。設置戊己校尉的年代稍有後置。

34　林梅村：《樓蘭尼雅出土文書》，文物出版社 1985 年版；侯燦、楊代欣：《樓蘭漢文簡紙文書集成》，天地出版社 1999 年版；〔日〕富谷至：《流沙出土の文字資料——樓蘭・尼雅文書を中心に——》，京都大学学術出版會 2001 年版。

35　馮培紅：《漢晉敦煌大族略論》，載《敦煌學輯刊》2005 年第 2 期。

強了對西域東部地區行之有效的行政統治。不過，由於五涼政權內爭
不斷，又要抗禦來自東部強大政權的攻擊，其對西域的經營效果究竟
如何，除了高昌一地之外，其他地區則還不甚明朗。[36]進入北朝，北魏
與柔然長年交爭，西魏、北周的主要精力用於對付東面的東魏、北
齊，其對西域的經營似乎也較有限。特別是從北魏時起，高昌獨立建
國，擺脫了原先五涼時代的隸屬統治。綜觀《資治通鑑》及此一時期
正史《西域傳》等書的記載，十六國、北朝各割據政權與中央王朝對
西域的經營展現得相當不足。[37]幸虧吐魯番、樓蘭出土的文書與墓誌填
補了史載空白，為我們發掘出一些敦煌大族流寓並定居西域的蹤跡，
提供了十分難得的寶貴資料。

很多學者都非常看重前涼設置高昌郡一事，以為是漢族政權經營
西域之最重要一環。《輿地志》云：「晉咸和二年(327)，置高昌郡，立
田地縣」，[38]隸屬於新立的沙州，[39]這樣更加提升了敦煌的地位及其在西
域的影響。西涼時，李暠派遣僧人法泉奉表東晉，稱「西招城郭之兵，
北引丁零之眾」，並説「又臣州界迴遠……又敦煌郡大眾殷，制御西
域，管轄萬里，為軍國之本，輒以次子讓為寧朔將軍、西夷校尉、敦

36　〔日〕後藤勝：《河西王国の性格について》「三　河西王国と西域貿易」、「四　五
　　涼王国と西域胡人」，載《歷史教育》第 15 卷第 9、10 號，1967 年；齊陳駿：《五涼
　　政權與西域》，載《枳室史稿》，甘肅文化出版社 2005 年版，第 597-612 頁。

37　余太山：《兩漢魏晉南北朝與西域關係史研究》，中國社會科學出版社 1995 年版；余
　　太山主編：《西域通史》，中州古籍出版社 1996 年版。

38　徐堅等：《初學記》卷八《州郡部》「隴右道第六」條注引《輿地志》，中華書局 1962
　　年版，上冊，第 181 頁。相關研究參〔日〕山口洋：《高昌郡設置年代考》，載小田
　　義久先生還曆記念事業會編《小田義久博士還曆記念東洋史論集》，龍谷大學東洋史
　　研究會 1995 年版，第 29-50 頁。

39　《私署涼州牧張寔附張駿傳》云：「敦煌、晉昌、高昌、西域都護、戊己校尉、玉門
　　大護軍，三郡三營為沙州，以西胡校尉楊宣為刺史。」《魏書》卷九九，第 2195 頁。
　　又參《晉書》卷一四《地理志上》，第 434 頁。

煌太守，統攝昆裔，輯寧殊方」，[40]體現了敦煌郡對西域的管轄權。

　　五涼時期，河西諸國與西域毗鄰接近，敦煌作為管轄與經營西域的橋頭堡，依然繼承了漢晉時期的傳統。《晉書》卷九七《四夷・西戎傳》「焉耆國」條云：

　　其後張駿遣沙州刺史楊宣率眾疆理西域，宣以部將張植為前鋒，所向風靡。軍次其國，熙距戰於賁侖城，為植所敗。植進屯鐵門，未至十餘里，熙又率眾先要之於遮留谷。植將至，或曰：「漢祖畏於柏人，岑彭死於彭亡，今谷名遮留，殆將有伏？」植單騎嘗之，果有伏發。植馳擊敗之，進據尉犁，熙率群下四萬人肉袒降於宣。

《十六國春秋》卷七五《前涼錄六，張植》云：

　　張植仕駿，為西域校尉，與奮威將軍牛霸、蠻騎校尉張沖，從沙州刺史楊宣征西域。……遂平西域，以功拜西域都尉。重華時，石虎使王擢、麻秋等攻武威，進次金城。太守張沖告急，植復與奮威將軍牛霸率騎救之。[41]

因立有征西之功，張植從西域校尉升為西域都尉，依然任職於西域，而蠻騎校尉張沖則遷為金城太守。《前涼錄》曰：「張沖，字長思，敦煌人。散家財巨萬，施之鄉閭。時人為之謠曰：『推財不疑張長思。』」[42]

40　《晉書》卷八七《涼武昭王李玄盛傳》，第2264頁。

41　崔鴻撰，屠喬孫、項琳輯：《十六國春秋》卷七五《前涼錄六》，載文淵閣《四庫全書》史部載記類，上海古籍出版社2003年版，第463冊，第932頁。

42　《太平御覽》卷四七七《人事部一百十八・施惠下》，第3冊，第2186頁。

張澍輯《續敦煌實錄》卷一列有張植、張沖二人，認為他們是敦煌人，[43]這與沙州刺史楊宣所率軍隊的來源相吻合。在樓蘭文書中，有多件張濟、張超濟、張濟逞文書，學界將之考訂為同一人，並判定文書年代為前涼張駿時期，[44]或許也是敦煌人。從張植、張沖、張濟等人身上可以看出，前涼時期敦煌大族依然扮演了漢代以來在西域建立軍功的角色。

　　三二七年前涼始建高昌郡後，對西域的經營出現了不同於既往的新特點，那就是在西域已不再是純粹軍事上的建功立業，而是開啟了河西民眾尤其是敦煌大族遷徙並定居於高昌郡的潮流，使高昌成為漢文化的聚集地。

　　前涼時高昌出現了一些大姓，如高昌隗氏，[45]以及可能在此時新遷來的隴右大族金城麴氏。[46]此一時期尚未見到敦煌大族西遷高昌的記錄，這可能跟當時他們勢力強大及與前涼關係密切有關。[47]從吐魯番出土墓誌可以發現，敦煌大族在前秦時被迫西徙高昌，如《大周故游擊將軍上柱國張禮臣墓誌銘並序》云（圖3-2）：

43　張澍輯：《續敦煌實錄》卷一，第18-19頁。

44　〔日〕小山滿：《「張濟」文書の一考察》，載《東洋学術研究》第11卷第1號，1972年；孟凡人：《樓蘭鄯善簡牘年代學研究》，新疆人民出版社1995年版，第20-26頁；侯燦、楊代欣：《樓蘭漢文簡紙文書集成》，第2冊，第278、295頁。

45　前涼時，《晉書》卷八六《張軌附張寔傳》記載向其進言的「賊曹佐高昌隗瑾」，第2227頁；北涼時，卷一二九《沮渠蒙遜載記》提到司馬隗仁，「以為高昌太守。為政有威惠之稱，然頗以愛財為失」，第3197頁。這應當與前述敦煌一樣，高昌地位特殊，故以本郡人為太守，以加強統治。

46　北朝末至唐初建立的麴氏高昌國，金城麴氏成為高昌首姓。高昌麴氏的最初來源，似應是《晉書》卷八六《張軌傳》所言平定西平麴氏（麴晃、麴佩、麴儒、麴恪等）以後，「寔平麴儒，徙元惡六百餘家」，第2226頁。前涼遷徙罪犯，最有可能的是西徙高昌。

47　馮培紅：《敦煌大族與前涼王國》，載《內陸アジア言語の研究》XXIV，2009年。

屬符（苻）堅肆虐，梴擾五涼。避難西奔，奄居右地。

▲ 圖 3-2 《大周故游擊將軍上柱國張禮臣墓誌銘並序》

該墓誌雖然未言張禮臣是敦煌人，僅敘其祖籍「南陽白水人也」，但其祖父張雄、父張懷寂的墓誌則提到其家曾居住於敦煌，《唐故偽高昌左衛大將軍張雄夫人永安太郡君麴氏墓誌銘並序》云：

天分翼軫之星，地列敦煌之郡。……則有尋源昆閬，倚柱涼城。跗萼散於前庭，波瀾流於右地。因家遂久，避代不歸，故為高昌人焉。

《大周故中散大夫行茂州都督府司馬上柱國張懷寂墓誌銘並序》亦曰：

襄避霍難，西宅敦煌。余裔遷波，奄居蒲渚，遂為高昌人也。[48]

張懷寂墓誌自稱為西漢張襄的後代，因避霍光之難而西遷至敦煌。對此，敦煌文獻 P.2625《敦煌名族志》「張氏」條亦有載錄：「時有司□（隸）校尉張襄者，趙王敖□□□孫。襄奏霍光妻顯毒煞許後。帝以光有大功，寢其事。襄懼，以地節元年（西元前 69）自清河繹幕舉家西奔天水，病卒。子□，□年來適此郡，家於北府，俗號北府張。史籍□□，子孫莫睹。游擊將軍、上柱國、西州岸頭府果毅都尉張端，自云是其後也。」司隸校尉張襄上奏霍光之妻顯毒殺許後之事不見於史載，池田溫推測張襄可能是根據張章的事蹟創造出來，[49]並認為從西漢張襄到唐代張端，中隔八百年，完全斷層，其始祖張襄有捏造之嫌疑。[50]另外，敦煌文獻記載張襄來自清河，是張敖之後代；而吐魯番墓誌則稱其為南陽白水人，為張良之後裔，也存在著矛盾。但不管怎麼說，張氏從敦煌西遷到高昌是毫無疑義的，高昌張氏是敦煌張氏的一個分支。[51]從張禮臣墓誌可知，敦煌張氏是在前秦時從敦煌西遷到高昌的。筆者曾探討前秦王國對待敦煌大族的政策，認為在政治上採取籠絡措施，而在經濟上卻進行壓榨剝削。但若說敦煌張氏僅僅因為受到前秦的經濟剝削，而背井離鄉，西徙高昌，是很難想像的。王素對敦

48　這三方墓誌的圖版及錄文，分別見侯燦、吳美琳《吐魯番出土磚志集注》，下冊，第 610-612、585-587、595-597 頁。

49　〔日〕池田溫：《唐代氏族志の一考察 —— いわゆる敦煌名族志殘卷をめぐって ——》，載《北海道大学文学部紀要》第 13 卷第 2 號，1965 年。

50　〔日〕池田溫：《八世紀初における敦煌の氏族》，載《東洋史研究》第 24 卷第 3 號，1965 年。

51　參宋曉梅：《張氏家族的門第淵源與麴氏高昌王國施政之道》，載《吐魯番學研究》2002 年第 2 期。

煌令狐氏、陰氏西遷高昌的原因做過分析，云：「像令狐氏這樣的地方名族，不是遇到不可抗拒的災難，是不會輕易脫離本土謫居異鄉的。因此，我們認為，令狐氏脫離敦煌遷到高昌的原因只能是戰亂」，並分析了三七六年前秦滅前涼、四二〇年北涼滅西涼，造成了敦煌地區的動亂，使得敦煌大族向西逃到高昌。他推測，令狐氏可能是在前秦時作為張氏姻親之一隨同逃亡高昌，或者在北涼時跟隨西涼後裔逃亡高昌。[52]

《吐魯番出土磚志集注》中收錄了四方高昌北涼後裔政權的墓表，除沮渠封戴墓表外，其他三方的墓主皆為敦煌張氏及其夫人（表3-1）：

編號	墓　　表	內　　容
黃文弼發掘	《大涼張季宗及夫人宋氏墓表》	河西王通事舍人敦煌張季宗之墓表。夫人敦煌宋氏。
69TKM52：1	《大涼張幼達及夫人宋氏墓表》（圖3-3）	龍驤將軍、散騎常侍敦煌張幼達之墓表。夫人宋氏。
75TKM60：1	《大涼張興明夫人楊氏墓表》	折衝將軍、新城太守敦煌張興明夫人楊氏墓表。

▲ 表3-1

據侯燦、吳美琳考訂，這三方墓誌的時代均為沮渠氏北涼在高昌的流

---

52 王素：《高昌令狐氏的由來》，載《學林漫錄》第 9 集，中華書局 1984 年版，第 184-188 頁；《高昌陰氏的由來——讀〈高昌主客長史陰尚宿造寺碑〉札記》，載《中國文物報》1989 年 5 月 26 日第 3 版。五涼時，河西西部的晉昌大族唐氏西遷高昌，可見於《武周長安四年（704）唐智宗墓誌》：「君諱智宗，字和裕，晉昌酒泉人□。□因五涼延禍，避難二庭，因此不歸，奄 宬 高昌人也」，參侯燦、吳美琳：《吐魯番出土磚志集注》，下冊，第 618-620 頁。晉昌唐氏與西涼王國關係密切，北涼滅西涼後，唐契、唐和兄弟攜外甥李寶西逃伊吾，後來進至高昌，參《魏書》卷四三《唐和傳》，第 962 頁。

▲ 圖 3-3　69TKM52：1《大涼張幼達及夫人宋氏墓表》

亡政權時期。[53]在墓主姓名之前，皆冠有「敦煌」二字，顯示這些張氏人物是從敦煌西遷至高昌的。三位敦煌張氏的夫人為宋氏、楊氏，尤其是張季宗的「夫人敦煌宋氏」，特地標明了敦煌郡望。張、宋二氏均為敦煌大族，互相通婚是極為常見的。張幼達的夫人宋氏雖未標明郡望，但很可能亦望出敦煌。[54]至於張興明的夫人楊氏，前涼有西胡校尉、沙州刺史楊宣，曾出兵西域；前秦有高昌太守楊翰（一作楊幹），地位極高，但不是敦煌與高昌的大族。

53　侯燦、吳美琳：《吐魯番出土磚志集注》，上冊，第 7-14 頁。

54　關於十六國時期的敦煌宋氏，參施光明《西州大姓敦煌宋氏研究》，載中國魏晉南北朝史學會編《魏晉南北朝史論文集》，齊魯書社 1991 年版，第 166-177 頁。

　　繼北涼後裔政權之後，高昌地區先後由闞、張、馬、麴四氏輪流掌權，皆自稱高昌王，建立高昌國。關於闞氏，先是闞爽在高昌自稱太守，後來闞伯周建立闞氏高昌國。敦煌有闞氏，如西涼時之闞駰及其祖父闞倞、父會稽令闞玖，但算不得是大族。而建立張氏高昌國的張孟明則出自敦煌大族，《北史》卷九七《西域傳》云：

　　〔太和〕五年（481），高車王阿至羅殺〔闞〕首歸兄弟，以敦煌人張孟明為王。

　　自三七六年前秦滅前涼以來，敦煌張氏遷居高昌達百餘年之久，具有一定的實力，故而被高車扶立為高昌王，建立了張氏高昌國。這個家族在麴氏高昌國時期，繼續扮演著重要角色，成為麴氏王朝的主要支持力量。

　　翻檢吐魯番出土墓表與文書，在麴氏高昌國時期，有許多官員帶有敦煌（張、索、令狐）、建康（史、周）、張掖（袁、翟）、武威（袁）、扶風（馬）、南陽（張）、太原（王）等郡望，尤其以敦煌張氏數量最多、最為典型。茲將望稱敦煌郡望者列表於下（表3-2）：[55]

姓	編號	墓表或文書	相關內容
張	69TKM54：1	《章和七年（537）張文智墓表》	追贈建威將軍、吏部郎中敦煌張文智之墓表。夫人扶風馬氏、夫人張掖翟氏。

55　表3-2中「編號」一欄，斯坦因（M.A. Stein）所獲吐魯番墓誌與新中國出土吐魯番墓誌及文書，皆有編號；一九三〇年黃文弼發掘者，此處註明黃文弼發掘。「墓表或文書」一欄，所有年號皆屬於麴氏高昌國，為節省篇幅，表3-2中不書「麴氏高昌國」等字。

續表

姓	編號	墓表或文書	相關內容
張	黃文弼發掘	《和平二年（552）氾紹和墓表》	夫人敦煌張氏，享年六十二。
	69TKM51：2	《延昌四年（564）張孝貞妻索氏墓表》	殿中中郎、府門散將敦煌張氏諱孝貞妻索氏墓表
	79SLM	《延昌五年（565）郭和兒並妻陶氏、張氏墓表》	妻隴靳陶氏、敦煌張氏墓表
	69TKM50：1	《延昌五年（565）張德淮墓表》	北聽□□敦煌張德淮□墓表
	黃文弼發掘	《延昌十二年（572）張阿□墓表》	戶曹司馬字阿□，春秋七十咸一。原出敦煌功曹後。靈柩葬題文於墓，張氏之墓表者也。
	黃文弼發掘	《延昌十七年（577）麴彈那及夫人張氏、麴氏墓表》	夫人敦煌張氏、麴氏之墓表
	73TAM113：2	《延昌卅年（590）張順妻馬氏墓表》	王國侍郎敦煌張氏妻扶風馬氏□□之墓表也
	63A0053	《延昌卅一年（591）張孝墓表》	敦煌張孝之墓表
	72TAM199：9	《延昌冊一年（591）張阿質妻麴氏墓表》	殿中將軍敦煌張阿質妻麴氏之墓表也
	69TAM114：1	《延和六年（607）張氏忠墓表》	追贈寧朔將軍、縮曹郎中敦煌張氏忠之墓表
	69TAM112：1	《重光元年（620）張武嵩墓表》	故交河郡田曹司馬敦煌張氏武嵩之墓表

續表

姓	編號	墓表或文書	相關內容
張	73TAM503：2	《重光元年（620）張鼻兒墓表》	追贈建義將軍、都縮曹郎中敦煌張氏鼻兒之墓表
	72TAM199：9	《重光元年（620）張阿質兒墓表》	追贈平漠將軍、倉部庫部主客三曹郎中敦煌張氏阿質兒之墓表
	Ast. i. 6.08	《延壽九年（632）張伯玉？墓表》	故敦煌張伯玉？ □□□□侍郎
索	黃文弼發掘	《延昌十二年（572）索守豬墓表》	兵曹參軍索守豬，敦煌北府人也。
令狐	73TAM524：34(b)	《章和五年（535）令狐孝忠妻隨葬衣物疏》（圖3-4）	令狐孝忠元出敦煌，今來高昌。

▲ 表 3-2

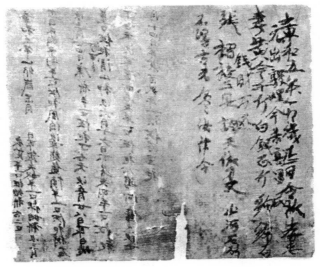

▲ 圖 3-4　73TAM524：34(b)
《高昌章和五年（535）令狐孝忠妻隨葬衣物疏》

　　由表 3-2 可見，張氏占了絕大比例，確實成為麴氏高昌國中最重要的政治家族，與麴氏及其他大姓相通婚，共同把持高昌國的政局。[56]據《麴氏高昌國延昌十二年（572）張阿□墓表》記載，戶曹司馬張阿□「原出敦煌功曹後」，功曹即上節說到的漢末魏初敦煌郡功曹張恭，因其以功曹主事，故為後人所稱。他後來升任西域戊己校尉，駐於高昌。麴氏高昌國時期的張氏，可能不是早在曹魏時就有張恭子孫留居高昌者，而是因為出自敦煌張恭家族，故稱敦煌功曹後裔。在麴氏高昌國，張氏除了望稱敦煌之外，還有南陽、金城二望，前者如張雄、張懷寂、張禮臣一家，其郡望遠追南陽、近稱敦煌；另外，一九一二年日本大谷探險隊橘瑞超所獲《麴氏高昌國延昌四年（564）徐寧周妻張氏墓表》記載「明威將軍遙遙郡徐寧周妻金城張氏之墓表」，[57]則高昌張氏還有望稱金城者。

　　兵曹參軍索守豬是敦煌北府人，前揭敦煌張端一支被稱為「北府張」，也居住在北府。P.2005《唐沙州都督府圖經卷第三》記載有北府渠，並云：「昔敦煌置南府、北府，因府以為渠名。」李正宇指出：「北府者，謂東漢及魏、晉以來遞次更置的護西域副校尉府、伊吾司馬府及伊吾都尉府是也，……『並寄理敦煌北界』，故稱『北府』。」[58]由於敦煌北府與西域有著特殊密切的關係，原先居住在敦煌北府渠一帶的張氏、索氏等大族遷到高昌是不難理解的。

56　關於高昌張氏的研究，參〔日〕白須淨真《高昌門閥社會の研究——張氏を通じてみたその構造の一端——》，載《史学雜誌》第 88 編第 1 號，1979 年。宋曉梅：《麴氏高昌國張氏之仕宦——張氏家族研究之一》，載《西北民族研究》1991 年第 2 期；《麴氏高昌國張氏之婚姻》，載《中國史研究》 1994 年第 2 期；《張氏家族的門第淵源與麴氏高昌王國施政之道》，載《吐魯番學研究》2002 年第 2 期。

57　侯燦、吳美琳：《吐魯番出土磚志集注》，上冊，第 84-86 頁。

58　李正宇：《古本敦煌鄉土志八種箋證》，第 74 頁注（48）。

　　至於「令狐孝忠元出敦煌，今來高昌」，同墓出土 73TAM524：28
《高昌建昌三年（557）令狐孝忠隨葬衣物疏》亦日：「▢▢▢▢ 南主薄
（簿）令狐孝忠，原出 ▢▢▢▢」，[59]後缺者即為敦煌。王素認為敦煌令
狐氏可能是在五涼時西遷高昌，但從衣物疏中「今來高昌」一語觀之，
令狐孝忠一支從敦煌遷至高昌的時間距離章和五年（535）應該為期不
遠，有可能是北魏末因亂而西奔高昌。

　　除了張、索、令狐三氏，吐魯番文書及墓誌中還有氾、宋、陰等
氏，原本也應是敦煌大族，十六國、北朝時從敦煌西遷到了高昌。這
些來自敦煌的大族定居於高昌後，相互之間進行通婚，結成中古士族
的婚姻圈子。吐魯番出土 66TAM50《某氏族譜》，[60]馬雍推斷其時代為
麴氏高昌國時期，指出與該家族通婚最密切的是宋氏，另外還有馬、
索、車等氏，稱「宋、馬、索三家都是高昌的大姓，其原籍均出敦
煌」。[61]王素則將時代提前到東漢至十六國，譜主的姻親「宋、馬、索
三姓在河西基本上都只有敦煌一個郡望；車、趙二姓雖然不止一望，
但其中也都有敦煌郡望。譜中宋、馬、索、車、趙五姓既然郡望相
同，那麼，他們都只可能是敦煌人。而如前所說，他們與譜主同郡
望，那麼，譜主當然也只可能是敦煌大族。至此，可以初步斷定，本
譜是敦煌某氏族譜」；接著他根據與以上五姓通婚最為近密、最為長久
的敦煌姓氏，得出結論是張氏。[62]高丹丹進一步以宋氏為中心，對望稱

59　唐長孺主編：《吐魯番出土文書》（圖文對照本），文物出版社 1992 年版，第 1 冊，
　　第 131 頁。

60　唐長孺主編：《吐魯番出土文書》（圖文對照本），第 1 冊，第 382- 384 頁。

61　馬雍：《略談有關高昌史的幾件新出土文書》，載《考古》1972 年第 4 期。

62　王素：《吐魯番出土〈某氏族譜〉新探》，載《敦煌研究》1993 年第 1 期。

敦煌的宋、張二氏的聯姻及其變化與原因進行了考察。[63]這些研究都表明，流寓到高昌的敦煌大族張、宋、索等氏之間相互通婚，是十分普遍的現象，這樣也便於他們在高昌更好地生存下來，同時也保留了漢文化。另外，這些流寓高昌的敦煌大族還與河隴其他大族進行聯姻，特別是跟高昌王族金城麴氏相通婚，以保證他們在高昌國上層的政治地位。[64]

　　綜上所論，十六國時期的敦煌大族一方面繼承了漢代以來到西域建立軍功的傳統，如前涼敦煌大族張植、張沖平定焉耆；另一方面，自從張駿建立高昌郡以後，諸涼王國及前秦加強了對西域的行政統治，一些敦煌大族被遷往高昌並在那裡定居下來，逐漸成為本地大族。北朝時期，中央王朝與高昌國互為敵國，敦煌與高昌之間的正常連繫遭到一定程度的阻隔，但在流寓至高昌的敦煌大族及金城麴氏等河隴其他大族的努力支撐下，仍然在西域胡族世界中保持了漢人政權的一葉孤舟，這應當歸屬於流寓到高昌的敦煌大族等河隴民眾的功勞。

三、唐代敦煌大族與西域邊防

　　唐代的西域邊防，矛頭首先指向西域東部的高昌國。六四〇年，

63　高丹丹：《吐魯番出土〈某氏族譜〉與高昌王國的家族聯姻——以宋氏家族為例》，載《西域研究》2007 年第 4 期。

64　錢伯泉在考釋 S.2838《維摩詰經》卷下尾部題記時，對高昌張氏與敦煌張氏的關係作了論述，認為前者源出於後者，並推斷這卷《維摩詰經》可能是高昌公主和丈夫張隆甚至還可能有張太妃在東歸敦煌探親和拜佛時，施入敦煌某寺院的。參其《從 S2838 號寫經題記看高昌麴氏王朝與敦煌的關係》，《新疆文物》1992 年第 1 期；《敦煌遺書 S.2838〈維摩詰經〉的題記研究》，載《敦煌研究》2007 年第 1 期。當然，這只是一個美好的想像罷了。

侯君集率軍滅高昌，唐設西州、安西都護府等機構，進而平定西域各地，使之歸附於唐朝的統治。在平定高昌、龜茲的軍事過程中，出自敦煌豪族的薛萬均、萬備兄弟起到了很大的作用。《新唐書》卷二二一上《西域上・高昌傳》云：

> 乃拜侯君集為交河道大總管，左屯衛大將軍薛萬均、薩孤吳仁副之，契苾何力為蔥山道副大總管，武衛將軍牛進達為行軍總管，率突厥、契苾騎數萬討之。……智盛令大將麴士義居守，身與綰曹麴德俊謁軍門，請改事天子。君集諭使降，辭未屈，薛萬均勃然起曰：「當先取城，小兒何與語！」麾而進，智盛流汗伏地曰：「唯公命！」乃降。

同書卷九四《薛萬均傳》云：「薛萬均，本敦煌人，後徙京兆咸陽」，他以侯君集副手的身分參加了平定高昌國的戰爭。另外，契苾何力也曾一度居住在敦煌。[65]敦煌薛氏昆仲，武藝高強，常為戰將，幼弟薛萬備曾從軍西域，立有戰功。貞觀二十年（646），唐將阿史那社爾率眾討伐龜茲國，在攻克都城之後：

> 遣沙州刺史蘇海政、尚輦奉御薛萬備以精騎逼之，行六百里，其王窘急，退保於撥換城。社爾等進軍圍之，擒其王及大將羯獵顛等。[66]

65　契苾何力是鐵勒契苾部的酋長，《舊唐書》卷一〇九《契苾何力傳》云：「至貞觀六年（632），隨其母率眾千餘家詣沙州，奉表內附，太宗置其部落於甘、涼二州」，第3291頁。

66　《舊唐書》卷一九八《西戎・龜茲傳》，第5303-5304頁。《新唐書》卷九四《薛萬均傳》亦載其幼弟薛萬備為尚輦奉御，第3832頁。

此事在《新唐書》卷二二一上《西域上‧龜茲傳》中記作「沙州刺史蘇海政、行軍長史薛萬備以精騎窮躡六百里，王計窮，保撥換城，社爾圍之。閱月，執王及羯獵顛」，是知尚輦奉御是薛萬備的本官，行軍長史為其臨時軍職。此役生擒了龜茲王訶黎布失畢，意義重大，唐軍先頭部隊即為沙州刺史蘇海政、敦煌人薛萬備的精銳騎兵，由此可見敦煌對於西域經營之重要性。《舊唐書》卷一九八《西戎‧于闐傳》還記載，行軍長史薛萬備乘勝進軍于闐，于闐王伏闍信降唐，並隨之來朝唐都長安。姜伯勤把薛氏列作晚唐五代的敦煌名族，云：「敦煌薛氏中亦不乏豪宗」，並舉 P.3718《薛善通邈真贊》為例，「從本件中『公乃崑峰麗質』一語，得知薛氏祖先來自崑崙山，頗疑此『軍前馬上，捷而驍風』的薛氏，出自鐵勒薛延陀部」，[67]這一說法值得重視。

　　上節所述高昌國貴族中有許多來自敦煌的大族，因此對於亡國後高昌貴族的處置，也關係這些流寓到高昌的敦煌大族後裔與唐代的西域邊防。唐太宗採取了內徙中原、原地安撫兩種措施，他首先頒布《慰撫高昌文武詔》，中云：

　　其偽王以下及官人頭首等，朕並欲親與相見。已命行軍，發遣入京。宜相示語，皆令知委。勤事生業，勿懷憂懼也。[68]

這也就是《舊唐書》卷一九八《西戎‧高昌傳》中所說的「其智盛君臣及其豪右，皆徙中國」。所謂「官人頭首」即指豪右大族，亦即除王族麴氏以外的張、索、氾、宋、令狐氏等，尤其是以原籍敦煌的張氏

67　姜伯勤：《敦煌邈真贊與敦煌名族》，載《敦煌邈真贊校錄並研究》，第 46 頁。

68　許敬宗編、羅國威整理：《日藏弘仁本文館詞林校證》卷六六四《貞觀年中慰撫高昌文武詔一首》，中華書局 2001 年版，第 247-248 頁。

最為典型。唐朝將他們內徙到長安、洛陽等兩京地區，以削弱高昌殘餘勢力；但到永徽初年，因西域形勢吃緊，唐高宗又讓他們返回西州，用以加強西域邊防。關於高昌大族的內徙與回遷問題，學界探討較多，[69]茲不贅述，僅列表舉例如下（表3-3）：[70]

編　號	墓　誌	內 容	
		內　徙	回　遷
73TAM211：1	《唐永徽四年（653）張團兒墓誌》	屬大唐□□，抽擢良能，授洛州懷音府隊正。	天降慈恩，放還鄉里，仍授征事郎，西州交河縣尉。
73TAM208：1	《唐永徽四年（653）張元峻墓誌》	蒙運載入聖朝。	復蒙西州白石府校尉。
72TAM209：1	《唐顯慶三年（658）張善和墓誌》	未冠之歲，從父歸朝。遊歷二京，嘉聲早著。	幸蒙恩詔，衣錦故閭。釋褐從官，補任安西都護府參軍事。
Ast. 010	《唐永隆二年（681）張相歡墓誌》	城賓之際，投化歸朝。為上赤誠，蒙補懷音隊正。	旋歸本邑，舊位轉復（即旅帥）。

69　朱雷：《龍門石窟高昌張安題記與唐太宗對麴朝大族之政策》，載《敦煌吐魯番文書論叢》，甘肅人民出版社2000年版，第89-96頁；劉安志：《敦煌吐魯番文書與唐代西域史研究》之《唐初西州的人口遷移》，商務印書館2011年版，第24-43頁；馮典章：《唐置西州後的高昌舊民》，載《史學彙刊》第27期，2011年。

70　侯燦、吳美琳：《吐魯番出土磚志集注》，下冊，第471-473、474-475、491-492、570-571、595-601頁。

續表

編　號	墓　誌	內　　　　容	
		內　徙	回　遷
新疆博物館藏	《武周長壽三年（694）張懷寂墓誌銘》（圖3-5）	貞觀之際，率國賓王。	永徽之季，再遂故里。都督麴湛以公衣纓望重，才行可嘉，年甫至學，奏授本州行參軍。

▲ 表 3-3

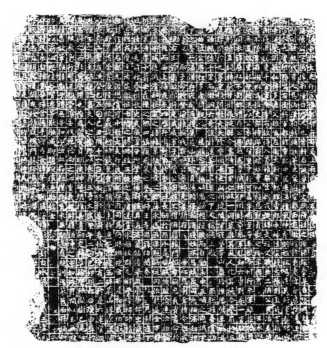

▲ 圖 3-5　《張懷寂墓誌銘》

　　這五方墓誌的墓主皆為張氏，儘管他們有的遠稱南陽郡望，但實際上都是十六國時期從敦煌遷至高昌的，在麴氏高昌國中勢力非常顯

赫，即唐太宗所說的「官人頭首」。他們在貞觀時被內徙京洛，又於永徽初復返西州，擔任唐安西都護府、西州之官吏，成為治理與捍衛唐朝西域邊防的重要力量。

　　唐太宗的另一項措施是對未徙之高昌大族進行就地安撫，這在一年後頒布的《巡撫高昌詔》中可以看出：

　　門下：高昌之地，雖居塞表，編戶之氓，咸出中國。……高昌舊官人並首望等，有景行淳直，及為鄉閭所服者，使人宜共守。安西都護喬師望景（量）擬騎都尉以下官奏聞，庶其安堵本鄉，咸知為善。彼州所有官田，並分給舊官人、首望及百姓等。[71]

這些留居西州的「舊官人並首望」，雖然原先官階與社會地位比內徙之麴、張等氏低，但仍然是本地的豪強大族。唐太宗為了安撫西州人心，命令安西都護喬師望給他們授予騎都尉以下的勛官，並且班授田地。《唐貞觀廿年（646）張延衡墓表》云：「大唐統御，澤被故老，蒙授騎都尉」；《唐貞觀廿一年唐武悅墓表》云：「屬大唐統御，澤及西州，蒙授云騎尉」；《唐永徽四年（653）趙松柏墓表》云：「☐大唐啟運，澤被西☐，☐授☐騎尉」；《唐永徽六年宋懷憙墓誌銘》云：「我大唐文武不遺，更量授飛騎尉，以酬庸☐」，等等。[72]張、宋是傳統的敦煌大姓，唐氏當出自晉昌，原來亦屬敦煌郡，趙氏也被認為是「敦

71　許敬宗編、羅國威整理：《日藏弘仁本文館詞林校證》卷六六四《貞觀年中巡撫高昌詔一首》，第 249 頁。喬師望是次任安西都護兼西州刺史，任職時間為貞觀十五年至十六年（641-642），故唐太宗頒布此詔是在平定高昌國一年之後。參郁賢皓：《唐刺史考全編》第三編《隴右道》卷四五《西州（交河郡）》，第 1 冊，第 511-512 頁。

72　侯燦、吳美琳：《吐魯番出土磚志集注》，下冊，第 449-451、453-454、469-470、480-481 頁。

煌地區較有勢力的家族」。[73]另外，唐朝任命許多本地大族人物擔任西
州各級官吏，這在墓誌中比比皆是，他們中有不少是原籍敦煌的大族
後裔，成為唐朝治理西州的依靠對象。不僅如此，唐廷還對原籍敦煌
的西州大姓進行安撫，以達到籠絡之效果，如《唐永徽五年（654）董
□隆母令狐氏墓誌》云：

　　　大唐永徽五年十月廿九日，董□隆母令狐，年八十有餘，安西都
護府天山縣南平鄉。右授魏州頓丘縣達安鄉君。牒奉詔版授官如右。
右牒，貞觀廿三年九月七日，典王仵牒。朝散郎、行戶曹參軍、判使
事姬奉敏，敕使使持節、西伊庭三州諸軍事、兼安〔西〕都護、西州
刺史、上柱國譙國公柴哲威。[74]

參照前揭衣物疏「令狐孝忠，元出敦煌」，令狐氏是北朝時從敦煌移居
高昌的大族。到了唐代，安西都護、西州刺史柴哲威奉詔給年逾八十
的老嫗令狐氏版授達安鄉君，體現了唐朝對待西州大姓的優撫政策。
正是由於唐朝採取各種措施，籠統西州人心，使得這些早年從敦煌流
寓到西州的大族後裔願意為唐朝效力。《唐西州前庭府校尉上柱國氾大
師墓誌》云：「君諱傑，字大師，高昌人也。……屬以吐蕃中亂，奉命
行誅。頻經龍戰之歡，庶展鷹鸇之力。以身殉國，枉遭凶寇」；《武周
長安四年（704）唐智宗墓誌》亦云：「君諱智宗，字和裕，晉昌酒泉
人口。……往以髦頭作梗，投筆從戎，掃定金方，蒙酬勛上柱國」，[75]

73　參馮培紅：《漢宋間敦煌家族史研究回顧與述評（上）》，載《敦煌學輯刊》2008 年
　　第 3 期。

74　侯燦、吳美琳：《吐魯番出土磚志集注》，下冊，第 477-478 頁。

75　侯燦、吳美琳：《吐魯番出土磚志集注》，下冊，第 657-658、618- 619 頁。

為唐朝在西域戰爭立有戰功，甚至以身殉國。

學術界注意到一個現象，即：十六國、北朝時，流寓到高昌的敦煌大族多望稱敦煌；而到了唐朝，他們卻改稱自己為西州人。這種稱呼上的改變頗堪玩味，值得深思。茲舉唐治西州初期的六例列表於下（表3-4）：[76]

編　　號	墓　志	相關內容
LI. 4. 35	《唐貞觀十九年（645）張海佰墓表》	高昌縣武城鄉六樂里張海佰者，高昌人也。
黃文弼發掘	《唐永徽元年（650）氾朋祐墓表》	西州交河縣人氾朋祐。
73TAM211：1	《唐永徽四年（653）張團兒墓誌》	君姓張，字團兒，高昌人也。
73TAM208：1	《唐永徽四年（653）張元峻墓誌》	諱張元峻，性（姓）張氏，高昌人。
66TAM44：1	《唐永徽六年（655）宋懷憙墓誌銘》	君姓宋，諱懷憙，西州高昌縣人也。
60TAM337：19	《唐顯慶二年（657）范阿伯墓表》	西州〔高昌〕縣武城鄉人范阿伯之墓表。

▲ 表3-4

76　侯燦、吳美琳：《吐魯番出土磚志集注》之第 223、233、237、238、241、247 篇墓表，下冊，第 444-445、463-464、471-473、474-475、480-481、489-490 頁。另外，還可參同書第 256、258、263、265、269、270、271、274、275、276、277、279、282、286、287、288、289、290、294、296、298、300、303、322 篇。此一時期也有個別望稱中原者，如《唐總章元年（668）楊保救墓表》云：「君姓楊字保救，渤海梨陽人也。避難河右，遠逾玉關，卜宅瞻星，保居高昌也」，下冊，第 539-540 頁。

　　這裡出現的張、氾、宋三氏是傳統的敦煌大姓，但此時都自稱西州高昌縣或交河縣人。此種現象發生在唐朝統治西州的初期，孟憲實認為這種故鄉觀念的變遷，是隨著唐朝的統一，結束了西州與祖國的分割悲劇，從而帶來心理層面的變化。[77]十六國、北朝的高昌是個移民社會，他們採取望稱敦煌或其他地區的做法，既是當時門閥社會的郡望特徵，也表達了對故鄉的眷戀之情，尤其是在高昌國與北朝互為敵國的時代依然如此，更加凸顯了這層意義。但是唐平高昌以後，他們不再望稱敦煌，一律以西州人相稱，或許不僅僅是心理層面的變化，而可能是唐太宗的新政策所致，唐朝想讓西域成為其真正控制的土地，把伊、西、庭等州納入大唐帝國的州縣體制中，因此，這些遷居高昌達兩三百年之久的敦煌大族後裔，終於在唐初西州時代徹底完成了土著化的過程，這對唐朝西州的穩定統治乃至整個西域邊防，起到了相當重要的作用。

　　然而，翻檢《舊唐書‧西戎傳》、《新唐書‧西域傳》，出征及鎮守西域的唐朝將領，大多是中原內地人，敦煌及流寓到高昌的敦煌大族後裔較為少見，這一點與西漢時期較相類似，體現了中央王朝強有力地控馭西域的特點。郁賢皓《唐刺史考全編》考列了伊、西、庭三州及安西、北庭都護府的長官，極少有敦煌人，僅伊州刺史郭知運是瓜州常樂人，[78]毗鄰敦煌；伊州刺史張楚賓從下文所述張楚珪的排行來看，也有可能是敦煌人；另外就是晚唐歸義軍之伊州刺史王和清、左

77　孟憲實：《唐統一後西州人故鄉觀念的嬗變》，載《新疆師範大學學報》1994 年第 2 期；《高昌歷史與漢唐文化》，第 17、336-356 頁。

78　《舊唐書》卷一〇三《郭知運傳》云：「郭知運，字逢時，瓜州常樂人。」第 3189 頁。

某。[79]就西州而言，李方《唐西州官吏編年考證》考證得十分詳細，其中西州刺史（都督）有二十七位，[80]也絕大多數是中原人，能夠被判定是敦煌大族的僅張楚珪一人。敦煌文獻 P.2005《唐沙州都督府圖經卷第三》「張芝墨池」條記載，開元四年（716），新任敦煌縣令趙智本尋訪張芝、索靖古蹟，勸敦煌張氏家族十八代孫修葺張芝墨池、建造張芝廟，共開列了十二人，其中有五人與西域有關（圖 3-6）：

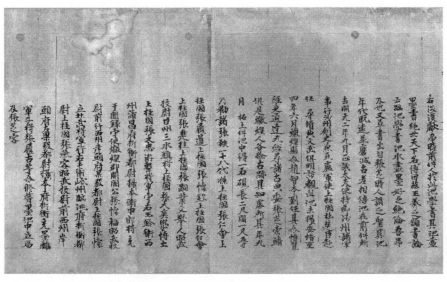

▲ 圖 3-6　P 2005《唐沙州都督府圖經卷第三》（部分）

(1) 上柱國張懷欽；

79　郁賢皓：《唐刺史考全編》第三編《隴右道》卷四四《伊州（伊吾郡）》、卷四五《西州（交河郡）》、卷四六《安西大都護府（鎮西都護府）》、卷四七《北庭都護府（庭州）》，第 1 冊，第 507-536 頁。

80　李方：《唐西州官吏編年考證》，中國人民大學出版社 2010 年版，第 1- 26 頁。

　　(2) 上柱國張楚珪；

　　(3) 游擊將軍、守右玉鈐衛、西州蒲昌府折衝都尉、攝本衛中郎將、充于闐錄（鎮）守使、敦煌郡開國公張懷福；

　　(4) 昭武校尉、前行西州岸頭府果毅都尉、上柱國張懷立；

　　(5) 昭武校尉、前西州岸頭府左果毅都尉、攝本府折衝、充墨厘軍子將張履古。

張懷福、懷立、履古三人任職於西州軍府，前者甚至還充任于闐鎮守使，影響範圍更廣。張懷欽又見於 P.2547 pièce 1《敦煌郡張懷欽等五百人授騎都尉制》：「右可騎〔都尉〕。門下：敦煌郡張懷欽等 壹 佰 貳拾柒人，西河郡王禪觀等貳佰壹拾人，京兆府田思崇 等 壹佰陸拾參人。總伍佰人。□（後缺）」，從同卷 pièce 2 所殘「前瀚海軍經略使／〔開〕元廿九年（741）正月廿八日□」推斷，張懷欽應該是在西域建立軍功而獲授騎都尉之勛官。在授予勛官的名單中，他排在首位，而且敦煌郡有一百二十七人被授予騎都尉，占全部授勛總額的四分之一強，足見敦煌郡及其大族張氏對於西域邊防所做出的貢獻。李方根據吐魯番文書考證出，張楚珪於開元十六年出任西州都督，[81]是目前所見敦煌大族張氏擔任的唯一一位西州最高長官。前揭 P.2625《敦煌名族志》「張氏」條提到「北府張」系統中，唐代有「游擊將軍、上柱國、西州岸頭府果毅都尉張端，自云是其後也」，學者們在探討吐魯番出土武周時期吐谷渾歸朝文書時，已經指出張端即豆盧軍子總管張令端，[82]這與張履古以前西州岸頭府左果毅都尉、攝本府折衝的身分充任墨厘軍子將

81　李方：《唐西州官吏編年考證》，第 17-18 頁。

82　陳國燦：《武周瓜、沙地區的吐谷渾歸朝事蹟——對吐魯番墓葬新出敦煌軍事文書的探討》，載《1983 年全國敦煌學術討論會文集（文史・遺書編）》，上冊，第 1-26 頁。

是相類似的。

　　一九四一年夏，張大千在敦煌莫高窟前沙中發現了著名的張君義文書，以及被削去頭頂骨的頭顱、左腕、右手拇指等遺物。[83]四件張君義文書，其中一件現藏敦煌研究院，另三件則藏於日本奈良天理圖書館。敦研三四一《唐景雲二年（711）張君義勛告》云（圖 3-7）：

　　1.　尚書司勛

　　2.　安西鎮守軍鎮，起神龍元年十月，至二年十月壹週年，至景龍元年十月貳

　　3.　週年，至二年十月參週年，至三年十月肆週年。□□□五月廿七日敕，

　　4.　　礦西諸軍兵募，在鎮多年，宜令□□□□勛。又准久視元年六

　　5.　月廿八日　敕，年別酬勛壹轉，□□□□

　　6.　　　　傔白丁沙州張君義敦煌縣□□□

　　7.　　　　　右驍騎尉

　　　　（後略）[84]

在唐中宗神龍、景龍年間（705-710），西域地區發生了唐與突騎施的戰爭。唐朝調動軍隊的來源非常廣泛，囊括中原、江南、西蜀、東北、西北諸州，乃至波斯兵眾。與前述張懷欽一樣，敦煌張君義在授予勛

83　〔日〕大庭修：《敦煌発見の張君義文書について》，載《唐告身と日本古代の位階制》，皇学館出版部 2003 年版，第 229 頁。

84　段文杰主編：《甘肅藏敦煌文獻》第 2 卷，甘肅人民出版社 1999 年版，第 99 頁。此參酌大庭修《敦煌発見の張君義文書について》（載《唐告身と日本古代の位階制》，第 242 頁）根據京都大學人文科學研究所考古學研究室藏張君義勛告文書之照片所做的錄文。

▲ 圖 3-7　敦研 341《唐景雲二年（711）張君義勛告》（部分）

官的名單中也排在首位，表明其戰功卓著，這可以從天理圖書館藏兩件張君義立功公驗文書得到證實。[85]在二百六十三人的勛告簿中，「沙州張君義等肆人」，人數不多，應當是沙州士兵大多戰死沙場之故。張君義名列首位，似乎也暗示了敦煌之於西域的地位不一般。

《唐刺史考全編》列有一位沙州刺史張孝嵩（又作張嵩），開元三年（715）在位。[86]《舊唐書》卷一〇三《郭虔瓘附張嵩傳》云：「其後，又以張嵩為安西都護以代虔瓘。嵩身長七尺，偉姿儀。初進士舉，常以邊任自許。及在安西，務農重戰，安西府庫，遂為充實。十年（722），轉太原尹，卒官。」在《新唐書》中，安西都護張嵩更多的是

<hr />

85　〔日〕中村裕一：《唐代官文書研究》，第 443-446 頁；內藤みどり《〈張君義文書〉と唐・突騎施娑葛の関係》，載《小田義久博士還曆記念東洋史論集》，第 181-208 頁；劉安志：《敦煌吐魯番文書與唐代西域史研究》之《敦煌所出張君義文書與唐中宗景龍年間西域政局之變化》，第 116-150 頁。

86　郁賢皓：《唐刺史考全編》第三編《隴右道》卷四三《沙州（瓜州、敦煌郡）》，第 1 冊，第 501 頁。

被記作北庭節度使張孝嵩，[87]《太平廣記》卷四二〇《龍三・沙州黑河》記載，張嵩奉詔都護北庭時，射殺黑河巨龍，並進獻給唐玄宗，「上壯其果斷，詔斷其舌，函以賜嵩，且子孫承襲在沙州為刺史，至今號為『龍舌張氏』」。[88]《新唐書》卷六〇《藝文志四》載錄《張孝嵩集》十卷，後注：「字仲山，南陽人。開元河東節度使，南陽郡公」，可見他是南陽人，曾任沙州刺史、安西都護或北庭節度使等職。晚唐歸義軍節度使張氏家族自稱是張孝嵩的後代，[89] P.2913v《張淮深墓誌銘》云：「其先曰季出問嵩，北都節度留守、支度、營田、轉運等使」，「季出問嵩」之語頗難索解，查《唐方鎮年表》卷四《河東》所列節度使，姓張者有張嘉貞、張說、張孝嵩、張弘靖四人，[90]則張淮深自稱之祖先必為張孝嵩無疑。

　　敦煌文獻中還記載一些敦煌大族如索氏、陰氏等到西域任職。P.4010 +P.4615《索崇恩和尚修功德記》追記道：

　　曾皇祖恪，前唐安西通海鎮將軍。方通西海，委辟轅門；大敵未平，先投鎮將。目尋太白，探前茅而不疑；手執紅旗，警後營而不殆。科頭虎擲，八陣先衝；污血被犀，三場入戰。改遷游擊大將軍。[91]

87　《新唐書》卷五《玄宗紀》、卷二一六上《吐蕃傳上》、卷二二一下《西域傳下》，第 129、6083、6251 頁。

88　李昉等：《太平廣記》卷四二〇《龍三・沙州黑河》，中華書局 1961 年新 1 版，第 9 冊，第 3423-3424 頁。Lionel Giles，「A Topographical Fragment from Tunhuang」Appendix A：沙州黑河 The Black River at Sha-chou，*Bulletin of School of Oriental Studies*，Vol. 7，No. 3，1934，pp.554-555。

89　陳祚龍：《李唐南陽張孝嵩新傳後語》，載《敦煌文物隨筆》，臺灣商務印書館 1987 年版，第 40-42 頁。

90　吳廷燮：《唐方鎮年表》卷四《河東》，中華書局 1980 年版，第 1 冊，第 404-440 頁。

91　鄭炳林：《敦煌碑銘贊輯釋》，第 285-286 頁。

索恪在唐前期擔任安西通海鎮將軍，英勇善戰，功勞卓著。索崇恩之母「妣郡君夫人閻氏」，也是敦煌大族，[92]後續「高堂庭州」一語似乎表示她與西域也有某種關聯。P.4640《陰處士碑》亦云：「爰及慈母索氏，通海鎮大將軍之孫」，說明在敦煌大族索、閻、陰三氏之間存在著相互通婚。P.2625《敦煌名族志》「陰氏」條提到三位陰氏人物任職於西域（圖 3-8），茲摘錄於下：

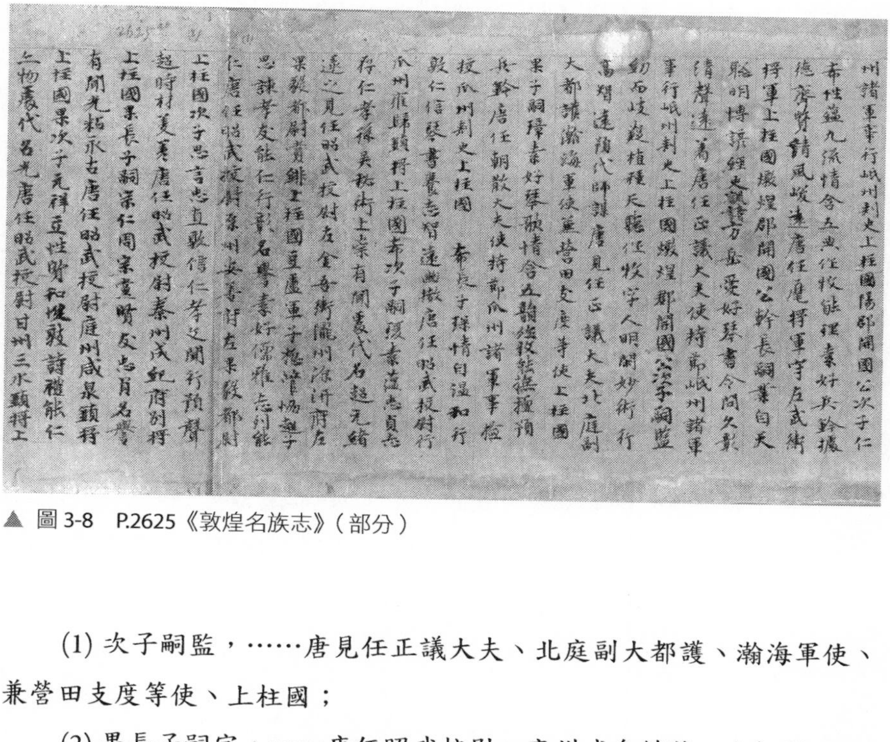
州諸軍事行岷州刺史上柱國陽郡開國公次子仁
希性蘊九流情含五典任牧能理素好兵鈐振
德彥賢錯風峻達唐任鹿將軍守左武衛
將軍上柱國燉煌郡開國公幹長嗣業白天
聰明博綜經史兼[illegible]方亦愛好琴書令問久彰
清聲遠著唐任正議大夫使持節岷州諸軍
事行岷州刺史上柱國燉煌郡開國公次子嗣監
動而岐嶷植種天聰任牧字人明閑妙術行
高翔遠蹈代歸朝唐見任正議大夫北庭副
大都護瀚海軍使兼營田支度等使上柱國
果子嗣璋素好琴瑟情含五韻絃歌極頂
兵鈐唐任朝散大夫使持節瓜州諸軍事檢
校瓜州刺史上柱國　希良子琛情性溫和行
敦仁信琴書養志智達幽微唐任昭武校尉行
瓜州常樂鎮將上柱國希次子嗣環素蘊忠貞志
存仁孝孫吳秘術上策有聞累代名超光緒
遂之見任昭武校尉左金吾衛隴州汧源府左
果毅都尉賞緋上柱國立處軍[illegible]總管協
忠謙孝友能仁行彰名譽素好儒雅志行能
仁唐任昭武校尉秦州安善府左果毅都尉
上柱國次子忠言忠直敦信仁孝之聞行預聲
超時材美善唐任昭武校尉秦州成紀府別將
上柱國果長子嗣宗仁周宗黨曉友忠貞名譽
有聞光粘承古唐任昭武校尉庭州咸泉鎮將
上柱國果次子元祥立性質和懷敦詩禮能仁
亡物襄代名光唐任昭武校尉甘州三水鎮將上

▲ 圖 3-8　P.2625《敦煌名族志》（部分）

(1) 次子嗣監，……唐見任正議大夫、北庭副大都護、瀚海軍使、兼營田支度等使、上柱國；

(2) 果長子嗣宗，……唐任昭武校尉、庭州咸泉鎮將、上柱國；

92 姜伯勤：《敦煌邈真贊與敦煌名族》，載《敦煌邈真贊校錄並研究》，第 226-229 頁。又，P.3410《索崇恩析產遺囑》中提到「表弟大將閻英達」，官任瓜州刺史，兼墨厘軍使。

　　(3) 祖子守忠，唐任壯武將軍、行西州岸頭府折衝、兼充豆盧軍副使。

陰嗣監的文散官正議大夫為正四品上，陰守忠的武散官壯武將軍為正四品下，分別出任北庭副大都護、行西州岸頭府折衝都尉等較高品級的官職。劉安志對有鄰館藏第十二、三二號瀚海軍文書進行考察，其中第十二號文書背面存有兩行文字，分別為：

1. 牒檢校北庭都護、借紫金魚袋陰
2. 大　使　延　王　在　內

他根據《唐會要》卷七八《親王遙領節度使》所載開元十五年（727）五月「延王泗（泂）安西大都護、磧西節度大使」之史料，將文書正面的瀚海軍經略大使勘同於延王李泂。另外，S.11453J、K 瀚海軍文書中兩處提到「陰都護」，而 S.11453J、G 文書有開元十五年十二月之明確紀年，故知此陰都護即上述有鄰館第十二號背面文書中的檢校北庭都護、借紫金魚袋陰某。不過，劉氏推測這位陰都護就是吐魯番阿斯塔那五○六號墓所出文書中的陰嗣瓌，[93]則欠妥。黃樓曾對劉氏説法提出質疑：「今從領料錢數額來看，陰嗣瓌月料明顯低於其他三使，此陰某疑非陰嗣瓌，或許另有其人。」[94]在前揭 P.2625《敦煌名族志》中，陰嗣瓌官任昭武校尉、岐州邵吉府別將、上柱國，昭武校尉是正六品上的武散官，別將為七品官，品級頗低，而北庭為大都護府，都護為

<hr>

93　劉安志：《敦煌吐魯番文書與唐代西域史研究》之《唐代安西、北庭兩任都護考補——以出土文書為中心》「二、唐玄宗開元十五至二十一年（727-733）間的北庭都護陰某」，第 351-352 頁。

94　黃樓：《吐魯番所出唐代月料、程料、客使停料文書初探》，載《敦煌吐魯番研究》第 11 卷，上海古籍出版社 2009 年版。

從二品，兩者官品懸殊。筆者頗疑有鄰館文書中的「檢校北庭都護、借紫金魚袋陰」即為《敦煌名族志》中的北庭副大都護陰嗣監，而非其弟陰嗣瓌。[95]在敦煌文獻中，有許多陰氏人物自稱是都護之後裔，如P.4640《陰處士碑》：「先賢世祿，以都護之同堂」；P.4660《河西節度左馬步都押衙陰文通邈真贊》：「門承都護，閥閱暉聯」；P.3720《河西都僧統陰海晏墓誌銘並序》：「和尚俗姓陰氏，香號海晏，則安西都護之貴派也」，等等，反映了陰嗣監出任北庭副大都護對該家族所產生的巨大影響。P.2551 v《大周□□□□□〔沙州效谷府〕校尉上柱國李義莫高窟佛龕碑並序》羅列了該家族的成員及其任官，其中有兩位任職於西域：

(1) 弟懷恩，昭武校尉、行西州白水鎮將、上柱國。
(2) 侄奉基，翊麾副尉、行庭州鹽池戍主、上騎都尉。[96]

李氏也是敦煌大族，尤其是李暠曾建立西涼國，又被李唐尊為祖先，為敦煌李氏的發展創造了絕佳條件。李懷恩、奉基叔侄在西域之西州、庭州等地擔任鎮將、戍主，效力於唐帝國的邊陲。

　　綜上所述，唐前期對西域的經營，主要依靠中央政府的力量，派遣文官、武將擔任西域高級官員，並從全國各地調集軍隊維護西域地區的和平穩定；但另一方面，敦煌大族也在西域擔任各級官職，建功

95　參馮培紅：《出土文書與傳世史籍相結合的典範之作——劉安志〈敦煌吐魯番文書與唐代西域史研究〉介評》，載《敦煌學輯刊》2012 年第 3 期。

96　《法藏敦煌西域文獻》第 15 冊（上海古籍出版社 2001 年版，第 311 頁）墨跡極淡，難以辨識，此參宿白《〈李君莫高窟佛龕碑〉合校》，載姜亮夫、郭在貽編《敦煌吐魯番學研究論文集》，漢語大詞典出版社 1991 年版，第 47 頁。

立業，特別是從沙州刺史率軍參與西域戰事與敦煌士兵被首列授勛來看，敦煌由於近鄰西域，依然承擔著較為特殊的使命。

　　經過吐蕃近一個世紀的統治以後，到晚唐大中二年（848），敦煌大族張議潮聯合本地大族的力量，奮起推翻吐蕃貴族的統治，陸續收復河西諸州及西域東部地區，使這些失地重新回歸到唐朝的懷抱。八五一年，唐廷敕建歸義軍藩鎮，以議潮為歸義軍節度使、十一州觀察使，之後索勛、李明振諸子相繼掌政，到五代初曹議金上臺，[97]可以說歸義軍實際上就是由敦煌大族聯合建立的地方政權。歸義軍在鼎盛時管轄到伊州、樓蘭等西域地區，敦煌大族在經營西域事務中扮演了較為重要的角色。然而，歸義軍對外面臨甘州回鶻、涼州嗢末及西州回鶻、擦微等勢力的崛起，在內部又有張、索、李、曹等氏大族的相互爭鬥，自身力量日趨衰落，因此對西域的經營較為有限，只能算是曇花一現。

　　張議潮於八五〇年收復伊州，遷徙了四十戶敦煌人前往居住，[98]我們不知道其中是否有敦煌大族，但歸義軍任命的伊州刺史左某、王和清等人卻是敦煌豪族。P.4660《故前伊州刺史改授左威衛將軍臨甾（淄）左公贊》云：

　　　金方茂族，間生一芝。……封疆受土，典郡西陲。

97　〔日〕藤枝晃：《沙州歸義軍節度使始末（一）～（四）》，連載《東方学報》（京都）第 12 冊第 3、4 分，第 13 冊第 1、2 分，1941-1943 年；榮新江：《歸義軍史研究》，上海古籍出版社 1996 年版；馮培紅：《敦煌的歸義軍時代》，甘肅教育出版社 2013 年版。

98　S.367《沙州伊州地志》「伊州」條云：「大中四年（850），張議潮收復，因沙州冊戶居之，羌、龍雜處，約一千三百人。」

這位左公雖然望稱臨淄，卻是「金方茂族」，應為敦煌本地豪族。P.2962《張議潮變文》還記載一位伊州刺史王和清，在歸義軍初期即能得到節度使張議潮的信任，官拜伊州刺史，疑亦為本地豪族。[99]

五代初，西漢金山國主張承奉發動對樓蘭、伊吾的戰爭，派遣宰相羅通達、紫亭鎮遏使張良真、鄉官閻子悅等率軍征討，取得大捷。S.4654《羅通達邈真贊並序》云：

豫章公諱通達，字琇懷。公乃負雕鶚之性，出自豪宗；兼鴻鵠之能，英門貴子。……洎金山王西登九五，公乃倍位臺階。英高國相之班，寵獎股肱之美。遂乃于闐路阻，摝微艱危。驍雄點一千精兵，公以權兩旬便至。於是機宣韓白，謀運張陳。天祐助盈，神軍佐勝。指青蛇未出於匣，蕃丑生降；表白虎才已臨旗，戎虺伏死。彎一擊全，地收兩城；回劍西征，伊吾殄掃。

羅通達雖然望稱豫章，實則其祖先可能是來自於中亞，從「出自豪宗」、「英門貴子」等語看，金山國時期敦煌羅氏已是敦煌豪族。[100] P.2594v + P.2864v《白雀歌並進表》云：「樓蘭獻捷千人喜，敕賜紅袍與上功」，正是説羅通達率領一千精兵攻打樓蘭之事，一舉攻克兩城，但

99　據土肥義和統計，八至十世紀敦煌王氏的人口數量排在第三，僅次於敦煌大族張、索二氏。見榎一雄編《講座敦煌》第二卷《敦煌の歷史》V《歸義軍（唐後期‧五代‧宋初）時代》（土肥義和撰），第253-257頁。土肥氏近編《八世紀末期到十一世紀初期敦煌氏族人名集成：氏族人名篇　人名篇》「序言」所列「表1　八世紀末至十一世紀初頭敦煌近在氏族人名性別數一覽」（汲古書院2015年版，第6頁），王氏更是躍居第二名。

100　姜伯勤《敦煌邈真贊與敦煌名族》（載《敦煌邈真贊校錄並研究》，第44-45頁）中列有羅氏。另參王騰：《隋唐五代西域羅氏流寓中國與敦煌羅氏家族研究》，載鄭炳林主編《敦煌歸義軍史專題研究三編》，甘肅文化出版社2005年版，第634-692頁。

緊接著對伊州回鶻的戰爭則無功而返。P.3718《張良真生前寫真贊並序》云：「金山王時，光榮充紫亭鎮主。……是時西戎起萬里之危，域士隘千重之險。君主慍色，直欲自伐貔徒。賢臣匡諫而從依，乃選謨師而討掠。關山迢滯，皆迷古境長途；暗磧鳴砂，俱惑督阡卉陌。公則權機決勝，獲收樓蘭三城。……敵毳幕於雪嶺之南，牽星旗於伊吾之北」；同卷《閻子悅生前寫真贊並序》云：「弱冠之際，主鄉務而無差；成立之年，權軍機而有則。仿設雲龍之勢，拒破樓蘭；決勝伊吾之前，兇徒膽裂」，皆為隨同羅通達參加了對樓蘭、伊州的戰爭。鄭炳林曾撰文詳考樓蘭之役，[101]可以參看。取得樓蘭大捷之後，西漢金山國在這裡恢復了唐朝的石城鎮建制，S.289v《宋李存惠殯銘抄》云：「皇考歸義軍節度都頭、攝石城鎮遏使、銀青光祿大夫、檢校右散騎常侍、上騎都尉諱安」，進行了有效的統治。

作為頭號敦煌大族，張承奉自稱拓西金山王，P.4044《修文坊巷社再葺上祖蘭若標畫兩廊大聖功德贊並序》云（圖3-9）：

奉為我　拓西金山王，永作西垂（陲）之主。

金山王稱號之前冠有「拓西」二字，表達了張承奉向西開疆拓土的願望。只是他對樓蘭的戰爭取得了勝利，卻未能在伊州回鶻手中討得一絲便宜。P.3633v《龍泉神劍歌》中唱道：「神劍新磨須使用，定疆廣宇未為遲。東取河蘭廣武城，西取天山瀚海軍。北掃燕然□嶺鎮，南當

---

101 鄭炳林：《唐五代敦煌金山國征伐樓蘭史事考》，載《段文杰敦煌研究五十年紀念文集》，第403-415頁。又參楊秀清：《敦煌西漢金山國史》第四章第二節「金山國征樓蘭及其同于闐的關係」，甘肅人民出版社1999年版，第126-137頁；馮培紅：《敦煌的歸義軍時代》第六章第三節之「樓蘭之捷與結親于闐」，第209-218頁。

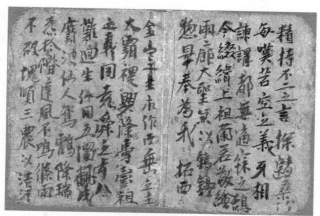

▲ 圖 3-9 P.4044《修文坊巷社再葺上祖蘭
若標畫兩廊大聖功德讚並序》（部分）

戎羌邏莎平。……北庭今載和□□，兼拔瀚海以西州」，這是西漢金山
國企圖開疆拓土的美好藍圖，其中對西域的經略是想從西州回鶻手中
奪取西州、北庭等地，但最後只能議和，維持現狀。張承奉之拓西金
山王，到五代初敦煌另一大族曹議金重建歸義軍時，也繼承了拓西王
的稱號而稱「拓／托西大王」。[102]

　　另一方面，自從八九二年敦煌大族索勛從張淮鼎手中篡奪節度使
權位後，其所帶觀察使名號中出現了「瓜沙伊西等州」等字樣，[103]這是
一個值得注意的信號。在此之前，八八八年唐廷給張淮深授予沙州觀

---

102 馮培紅：《敦煌的歸義軍時代》第八章第四節「稱王現象與割據性格」，第 299 頁。
103 莫高窟第一九六窟甬道北壁供養人西向第一身題記云：「敕歸義軍節度、沙瓜伊西等
　　州管內觀察處置押番（蕃）落營田等使、守定遠將軍、檢校吏部尚書、兼御史大夫、
　　鉅鹿郡門（開）國公、食邑貳仟戶、實封二百戶、賜紫金魚袋、上柱國索勛一心供
　　養」，見敦煌研究院編：《敦煌莫高窟供養人題記》，第 87 頁。

察處置使。[104]到光化三年（900）八月己巳，唐昭宗授予張承奉「歸義節度、瓜沙伊西等州觀察處置押蕃落等使」，[105]在實際控制瓜、沙二州的基礎上，同樣將伊、西二州列入觀察範圍。這體現了歸義軍向西擴展的動向，並且得到了唐廷的允許，五代初曹議金的觀察範圍更是擴大到「伊西庭樓蘭金滿等州」，這些都反映了晚唐五代敦煌大族試圖對西域的開拓經營。只是因其實力所限，不久連石城鎮也丟失了。

四、結語

漢唐之際，河西走廊宛如一條向右伸出的手臂，連接著中原與西域，因此完全可以想像，對於漢唐大一統帝國來說，西域、河西的邊防事務是何等重要；即使在十六國割據時代，西域仍是河西區域政權的邊防要地。如何經營西域，維護國家邊防，成為漢唐時代統治者們必須思考的問題。

西漢時期，國家實力強大，對西域的經營主要採取強有力的直接控馭政策，從內地調遣兵將進行征討與駐守，維護西域邊防的穩定。而從東漢到西晉，國力相對衰弱，朝廷重心主要在處理內部事務上，對西域邊防事務感到力不從心。於是，敦煌作為毗鄰西域的前沿基地，擔負起了極為特殊而重要的作用；敦煌軍民為了保家衛國，積極投身西域邊防的洪流中，在西域建立軍功，擔任官職，屯兵戍防，同時也借此提升了本家族的社會政治地位，在東漢初年形成曹、索、

---

104 敦煌文獻中鈐有「沙州觀察處置使之印」，是唐昭宗於 888 年鑄賜給張淮深的，參森安孝夫《河西帰義軍節度使の朱印とその編年》，載《內陸アジア言語の研究》XV，2000 年。

105 《舊唐書》卷二〇上《昭宗紀》，第 768 頁。

氾、張、令狐氏等豪強大族。魏晉時期，中原內亂不斷，朝廷也無暇西顧，仍然繼承了東漢的傳統，像敦煌大族張恭、索靖等成為活躍在西域舞臺上的著名人物。

十六國是個分裂割據的時代，五涼及前秦王國一方面繼承了漢晉傳統，敦煌大族繼續經營西域；另一方面，前涼在西域東部設置高昌郡，開啟了河西割據政權對西域的行政統治。十六國時期，一批敦煌大族及其他河隴民眾被遷往高昌，這些流寓到西域的河隴大族在西域胡族世界中撐起了漢文化的一葉孤舟，在北朝至初唐時建立高昌國。以敦煌張氏為代表，在前秦時徙入高昌，之後張孟明建立了張氏高昌國，並在麴氏高昌國中成為重要的政治家族，為高昌國的發展與西域開發做出了很大貢獻。[106]

唐朝對西域的邊防政策，既遠承西漢的直接控馭政策，又發揮東漢至前涼時代重用敦煌大族的策略，收取了較好的效果。六四〇年唐滅麴氏高昌國，以吏部尚書侯君集為統帥，同時兼用敦煌豪族薛萬徹為主將，一舉平定高昌。高昌國的敦煌大族的移民後裔，遂改而為唐朝西域邊防效力，值得注意的是他們不再像過去一樣自稱為敦煌人，而是一律改稱西州人，這反映了唐太宗將西域納入帝國州縣體制的新控制政策。在唐朝經營西域的過程中，我們一方面從《舊唐書·西戎傳》、《新唐書·西域傳》中看到，中央朝廷的文官武將被派遣到西域任職或征戰，而敦煌文獻也記載全國各地的兵士被廣泛動員並征發到了西域；另一方面，傳世史籍記述沙州刺史和敦煌將領在西域領兵作戰，這一點似乎具有比較特別的意義，而敦煌文獻還告訴我們很多細

---

106 參宋曉梅：《高昌國——西元五至七世紀絲綢之路上的一個移民小社會》，中國社會科學出版社 2003 年版。

節，那就是許多敦煌大族中的人物到西域各地擔任各級官職，以及敦煌大族出身的兵士在西域立有軍功，在授予勛官時往往被排列在首位，如張懷欽、張君義。經過吐蕃統治以後，晚唐時以敦煌大族為基礎建立的歸義軍政權，也對西域有所經略，但其勢力僅及西域東部的伊州與樓蘭，自不可與漢唐盛世同日而語。

　　總之，由於敦煌地近西域，使之具有極為特殊的地位，在從漢至唐的西域邊防事務中，始終可以看到敦煌大族的身影。尤其是東漢初年，他們依靠在西域建立軍功，為本家族的崛起奠定了基礎，開始形成自己的豪門大族地位。伴隨著中央王朝的盛衰、河西割據政權的興亡，西域邊防在各個時期出現了不同的特點，而敦煌大族隨著這一政治形勢的變化，與西域邊防的關係呈現出不同的階段特徵。他們在西域或出任官職，或參軍作戰，或流寓定居，演繹出了一部敦煌大族與西域邊防的歷史活劇。

　　（原載新疆維吾爾自治區博物館、中國敦煌吐魯番學會編：《絲路歷史文化研討會論集：2012》，新疆科學技術出版社 2013 年版，第 12-42 頁。收入本書時作了修訂）

敦煌大族與五凉王國

　　漢宋之間的敦煌綠洲上，世家大族扮演著十分重要的角色，特別
是與地方政權有著密切的關係，甚至把持著當地政局與社會。筆者曾
撰《漢晉敦煌大族略論》一文，考察了此一階段敦煌大族的入徙、形
成、發展及其特點，指出他們隨著漢武帝開發河西逐漸西徙，到東漢
初形成了大姓望族。到西晉時，以索、張、氾三氏構成的「敦煌五龍」[1]
為標誌的敦煌大族已經成為海內高門。[2]然而西晉短祚，南匈奴劉聰於
三一一、三一六年相繼攻陷晉都洛陽及長安，許多出仕晉廷的敦煌大
族被迫退出中原，回歸河西，效力於被稱為「五凉」的河西王國。在
中國傳統的二十五史中，列諸史傳的敦煌人絕大多數生活在西晉、五
凉時期。張澍輯《續敦煌實錄》所列從漢至五代共一百四十一位敦煌

1　在傳世史籍與敦煌文獻中，五龍中有一人的名字記載有異，《晉書》卷六〇《索靖傳》
　　記其與「鄉人氾衷、張甝、索紾、索永俱詣太學，馳名海內，號稱『敦煌五龍』」；
　　而敦煌文獻 P.2625《敦煌名族志》則云：「族父靖，字幼〔安，與〕鄉人張甝、索紾、
　　氾衷、索綰等五人俱遊太學，號稱『敦煌五龍』。」

2　馮培紅：《漢晉敦煌大族略論》，載《敦煌學輯刊》2005 年第 2 期。

人物，大多也屬於晉涼之際。由此可見，西晉、五涼是敦煌人物輩
出、群星璀璨的歷史階段，在敦煌、河西乃至全國都產生了重要的影
響。學者們已經注意到，河隴大族與五涼王國之間的關係十分密切，[3]
尤其是敦煌大族，可謂獨樹一幟，成為諸涼王國的重要支柱。[4]特別是
西涼一度立國敦煌，與敦煌大族的關係更加緊密。不過，我們也應該
注意到，敦煌大族的內部並不是鐵板一塊，他們與五涼王國的關係既
有支持合作的一面，又有對抗鬥爭的一面。只有全面客觀地了解他們
之間的複雜關係，才能真正認識五涼王國的社會性質與敦煌大族的特
點。本文分階段對五涼及前秦王國中的敦煌大族進行系統考察，以期
揭示敦煌大族與地方政權之間的關係。

一、敦煌大族與前涼王國

在五涼政權中，由漢族張軌建立的前涼王國（301-376 年）割據時

3　〔日〕後藤勝：《河西王国の性格について》「二　河西王国と漢人名族」，載《歷史
　　教育》第 15 卷第 9、10 合併號，1967 年；〔日〕池田温編：《講座敦煌》第三卷《敦
　　煌の社會》I《社会の構成と推移》一《在地豪族、名族社會──一到四世紀の河西
　　──》（六）《河西王国と名族社会》（白須淨真撰），大東出版社 1980 年版，第 34-
　　40 頁；武守志：《五涼政權與西州大姓》，載《西北師大学報》1985 年第 4 期；趙向
　　群：《河西著姓社會探賾》，載《西北師大学報》1989 年第 5 期。

4　《魏書》卷五二將北涼遷代的河隴諸儒共十二人輯為一卷，其中敦煌學者五人，占一
　　半弱。另外，不是傳主卻留有名字的敦煌人有氾潛、胡叟元妻宋氏、段暉女婿張氏、
　　陰興等。這僅僅是五涼後期的河隴及敦煌人物，整個五涼時期的情形可參崔鴻《十六
　　國春秋》，其中敦煌人也占據了極高的比例。

間最長，達七十六年之久，⁵這與以敦煌大族為核心的河隴大族的支持
密不可分。一九六七年後藤勝指出，張軌的四大股肱謀主宋配、陰
充、氾瑗、陰澹都出自於敦煌的名族，並推斷「對於前凉的創業，敦
煌名族的支持是極為重要的力量」，另外他還提到了凉州大姓賈摹、出
身不明的馬氏，以及敦煌大姓張、索、令狐三氏和西平大姓田氏；⁶一
九八〇年佐藤智水在後藤氏的基礎上亦云：「前凉一直被認為是由凉州
的漢人豪族尤其是敦煌豪族的支持下建立起來的」；⁷翌年齊陳駿在說明
張軌「聯合河西大族的力量，用以穩固自己的統治」時，列舉了敦煌
宋、陰、氾、索、令狐、張氏及隴西辛氏、晉昌張氏、武威賈氏等河
隴大族；⁸一九九二年洪濤也舉出敦煌宋、陰、氾、索、李、曹、張、
閻、令狐氏及酒泉馬氏、晉昌張氏、武威賈氏，⁹足見敦煌大族對於前
凉王國來說確實具有舉足輕重的作用。不過，除了佐藤氏對張越之亂

5　前凉王國的存在時間，若從三〇一年張軌刺凉算起，至三七六年亡於前秦，共七十六
　　年；若從三二三年前趙拜張茂為凉王算起，則有五十三年。茲取前者，並參《晉書》
　　卷八六《張軌傳》：「自軌為凉州，至天錫，凡九世，七十六年矣」，第2252頁；〔日〕
　　前田正名《五胡十六国と河西──前凉を中心として──》，載《歷史教育》第15卷
　　第5、6合併號，1967年。

6　〔日〕後藤勝：《河西王国の性格について》，載《歷史教育》第15卷第9、10合併
　　號，1967年。

7　〔日〕榎一雄編：《講座敦煌》第二卷《敦煌の歷史》Ⅱ《五胡十六国から南北朝時
　　代》（佐藤智水撰），第50-51頁。

8　齊陳駿：《略論張軌和前凉張氏政權》，載《蘭州大學學報》1981年第3期。後來，
　　他對此續有論述，在舊說的基礎上又增添了曹氏、李氏二姓，見齊陳駿主編《西北通
　　史》第2卷，蘭州大學出版社2005年版，第96-98頁。不過，他將曹氏的郡望似定為
　　隴西，然未說明依據。

9　洪濤：《五凉史略》，中國社會科學出版社1992年版，第20-21頁。但他說前凉時李、
　　閻為敦煌著姓，以及馬氏為酒泉大族，也未說明根據。

爆發時的兩派勢力作過細緻分析外，[10]學術界對前涼時期敦煌大族的敘述總體上顯得很籠統，如對史載所有前涼人物及敦煌人所占比例缺乏統計分析，對張軌股肱謀主中兩位陰姓人物的郡望未作認真考辨，也沒有深入考析敦煌大族與前涼張氏的政爭關係，甚至忽略了前涼張氏幾乎不與敦煌大族相通婚這一事實。很顯然，敦煌大族既對前涼政權的創建卓有貢獻，同時也是前涼王國內部最主要的挑戰者，這些都需要進行具體的分析。

（一）前涼王國的社會基礎分析

　　為了徹底弄清敦煌大族在前涼王國中所處的地位，筆者曾根據傳世史籍與考古資料，將所能見到的前涼人物編為一表，共三百九十八人、一百零二姓，力圖儘可能全面地清楚展現前涼王國的社會基礎。其中，敦煌有九十七人、三十姓，各占百分之二十四和百分之二十九，這一比例雖然出自於不完全統計，卻充分顯示了敦煌人在前涼王國中的特殊而重要的地位。因該表篇幅過長，不宜在本文中逐一列出，將來擬另撰《〈前涼人物表〉及其反映的前涼王國社會基礎》一文。今將這些人物中姓名之前冠有地區者製作一張簡表如下（表4-1）[11]：

10　一派是以晉昌（敦煌）張越為首，聯合武威賈龕、金城麴晁與麴佩、京兆杜耽及出自不明的曹祛所形成的反張軌勢力中心；另一派是支持張軌的股肱謀主宋配、氾瑗、陰充、陰澹及王融、孟暢、張琬、令狐亞、尹員、王豐、田迥等人，也以敦煌大族為中心，但與前者相比，是稍次一等的豪族。參榎一雄編《講座敦煌》第二卷《敦煌の歷史》II《五胡十六国から南北朝時代》（佐藤智水撰），第51頁。按，麴晁與麴佩可能是西平人；西平太守曹祛（又寫作「祛」），據王隱《晉書》曰：「張軌為涼州刺史，敦煌曹祛上言軌老病，更請刺史」（見《太平御覽》卷三六六《人事部七·耳》，第2冊，第1683-1684頁），為敦煌人。

11　表格內所説的「地區」，包括郡望、里貫、國籍。

地區	姓數	姓氏	人數	備註
安定	2	張、梁	25	
敦煌	30	張、宋、氾、索、令狐、陰、曹、謝、車、劉、郭、耿、侯、常、陳、單、童、李、趙、蘇、傅、韓、呂、吳、魏、徐、姬、頓、蓋、闞	97	
晉昌	2	張、唐	4	晉昌原屬敦煌
酒泉	2	祈、趙	2	
建康	12	賈、孫、梁、孟、耿、董、徐、湖、顏、周、當、白	18	
張掖	1	王	1	
西海	1	趙	1	
武威	4	賈、陰、段、姬	7	
武興	1	蘇	1	
高昌	9	隗、楊、宋、王、朱、孫、李、樗、韓	10	
樓蘭	10	唐、王、趙、關、李、嚴、苻、君、韋、麴	19	
西平	5	麴、田、衛、王、郭	7	
金城	1	趙	1	
隴西	4	辛、李、彭、賈	10	
臨洮	2	翟、石	2	
略陽	2	郭、王	2	
京兆	5	劉、趙、闞、杜、宋	6	
武陵	1	闞	1	武陵一作武威
中山	1	王	1	

續表

地區	姓數	姓氏	人數	備註
太原	1	王	1	
丹陽	1	唐	1	
龜茲	1	帛	1	
月氏	1	支	1	
合計	99		219	

▲ 表 4-1

　　首先需要說明一點，表 4-1 中敦煌、建康、高昌、樓蘭四地的統計資料，尤其是後三地，大多來自於考古出土的墓葬、簡牘、文書等資料，有些姓氏之前所冠的地名並非指其郡望，而可能是由於任官、戍守、避難、經商、傳教等原因從別處來到該地的，流動性比較強；所列敦煌三十姓中，前十七姓主要見於傳世史籍，後十三姓則僅出自考古資料。

　　從上列表 4-1 可以看出：

　　第一，儘管西晉末永嘉之亂流寓河隴的中原人士數量不少，[12]但表 4-1 說明前涼王國的社會基礎主要仍由河西、隴右、關中的姓氏構成，而以前兩者為主，體現了前涼王國是以河隴大族為主體建立的地方性割據政權。

　　第二，在河隴大族中，以敦煌大族最為居多，至少有三十姓；其次為西平、京兆、武威、隴西諸氏，各占四、五姓，亦極有勢力。這

12　《晉書》卷八六《張軌傳》云：「中州避難來者日月相繼，分武威置武興郡以居之」，第 2225 頁；卷一四《地理志上》云：「張軌為涼州刺史，鎮武威，上表請合秦雍流移入於姑臧西北，置武興郡」，第 434 頁。

一統計結果與上揭後藤、佐藤、齊、洪等氏的觀點大致吻合。建康、高昌、樓蘭雖然所出姓氏較多，但這是因為出土資料的性質所致，且大多為流動性的人口或小姓。

第三，敦煌、武威、西平三地大族的動向最堪注意，他們雖然都對前涼王國給予了有力的政治支持，但敦煌張氏、武威賈氏與西平諸氏卻也都與前涼國主安定張氏展開了爭奪河隴統治權的鬥爭。

第四，前涼王國是個典型的大族社會，除了表 4-1 所列諸姓外，在沒有標明地望的姓氏中，孟、宗、胡、皇甫、尹、牛、馬、竇等氏亦為河隴、關中的著姓，但其他紀、綸、黃、嚴等姓氏卻多屬小姓，他們中的一些人雖也升任到了長史、司馬、太守、縣令等要職，但大多數卻地位較低，如寵臣、親信、使者、牙門、市長等，以往的研究對這些小姓全無關注。

第五，毫無疑問，由漢人張軌創建的前涼王國的政權基礎主要是漢族，但也不可忽視境內存在著許多少數民族，如張軌勤王時發布的一道檄文中說：「武威太守張琕胡騎二萬，駱驛繼發，仲秋中旬會於臨晉」，[13]可見前涼軍隊中少數民族騎兵的數量非少，這些少數民族包括本地區傳統以來的氐、羌、小月氏等族，來自漠北地區的鮮卑、丁零等族，以及來自西域地區的龜茲、大月氏、粟特人。[14]

13　《晉書》卷八六《張軌傳》，第 2225 頁。

14　一九〇七年，斯坦因在敦煌西北長城烽燧 T. XII. a 遺址發現了著名的粟特文信札，其年代據亨寧考證為 312-313 年之間，表明張軌統治末年河西走廊有許多粟特商人，參 W. B. Henning，「The Date of the Sogdian Ancient Letters」，*Bulletin of the School of Oriental and African Studies*，University of London，vol. XII-3/4，1948，pp.601-615。並參 F. Grenet & N. Sims-Williams，「The Historical Context of the Sogdian Ancient Letters」，*Transition Periods in Iranian History*，Leuven，1987，pp.101-122；陳國燦：《敦煌學史事新證》之《敦煌所出粟特文信札的書寫地點和時間問題》，第 66-71 頁。

（二）張軌的四大股肱謀主──兼説前涼初期與敦煌大族的關係

《晉書》卷八六《張軌傳》云：「永寧（301-302）初，出為護羌校尉、涼州刺史。……以宋配、陰充、氾瑗、陰澹為股肱謀主。」張軌是安定烏氏人，「家世孝廉，以儒學顯」，出自隴右大族。他來到涼州後，如何與河西大族相處並得到他們的支持，是擺在面前的頭等大事。傳文中的四大股肱謀主，在屠喬孫、項琳輯錄的崔鴻《十六國春秋》卷七五《前涼錄六》中，宋配、氾瑗、陰澹三人有專錄，皆標明為敦煌人，[15]然未載陰充。學術界大多籠統地認為這四大股肱謀主都出自敦煌大族，[16]這一觀點是頗可商榷的。

宋配為敦煌人，見於《魏書》卷五二《宋繇傳》：「宋繇，字體業，敦煌人也。曾祖配，祖悌，世仕張軌子孫。」《元和姓纂》卷八「宋」條云：「【敦煌】　漢有宋諒，諒裔孫後漢（魏）清水公繇」，[17]宋諒當即漢桓帝時出任敦煌太守的宋亮。[18]在敦煌漢簡中，也出現了候史宋賀、宋君長及宋望等人。[19]到西晉初，敦煌郡功曹宋質廢梁澄，扶立本地大族令狐豐為敦煌太守，東拒涼州刺史楊欣，足以顯示宋氏家族的

15　崔鴻撰，屠喬孫、項琳輯：《十六國春秋》卷七五《前涼錄六》，載文淵閣《四庫全書》史部載記類，第 463 冊，第 926-927、932 頁。

16　除了前面提到的後藤、佐藤、齊、洪四氏之外，還可參李聚寶《十六國時期敦煌的政治狀況》，載《蘭州學刊》1987 年第 3 期；趙向群：《五涼史探》，甘肅人民出版社 1996 年版，第 43 頁。馮培紅《漢晉敦煌大族略論》（載《敦煌學輯刊》2005 年第 2 期）也曾受到這一觀點的影響，應作批判。

17　林寶：《元和姓纂（附四校記）》卷八「宋」條，中華書局 1994 年版，第 2 冊，第 1171 頁。

18　《後漢書》卷八八《西域傳》，第 2916、2931 頁。

19　甘肅省文物考古研究所編：《敦煌漢簡》（中華書局 1991 年版）No. 339、362、321，上冊，圖版參柒、參玖、參伍；下冊，釋文，第 232、233 頁。

實力。[20]前涼時，宋配出任司馬、前鋒督護、西平太守等職，率軍討平鮮卑及曹祛等的叛亂，又東向勤王，為前涼王國的開創與穩固做出了貢獻。

氾瑗為敦煌人，可見於敦煌文獻 S.1889《敦煌氾氏家傳並序》，它記錄了西漢至前涼間的敦煌氾氏人物凡十二位，最後一位即為「氾瑗，字彥玉，晉永平令宗之孫也。……瑗少剛果，有壯節，州辟主簿、治中、別駕從事，舉秀才。三王興義，惠帝復祚，相國齊王國（冏）專權失和。瑗切諫不從，自詭為護羌長史來西。涼武王軌與語，不覺膝之前席。瑗出，王謂左右曰：『此真將相才！吾當與共濟世難。』遂周旋帷幄，公幹心膂（後缺）」。張軌出任涼州刺史、護羌校尉時，氾瑗假稱為護羌長史，回到河西；官任中督護，兵不血刃地討降了東羌校尉韓稚，穩定了前涼的東部邊境。

至於二陰的郡望，則較為複雜。目前所見，最早是明人屠喬孫、項琳輯《十六國春秋》卷七五《前涼錄六·陰澹》載其為敦煌人：

陰澹，敦煌人。弱冠才行忠烈，州請為治中從事。澹割身訴枉，軌任為股肱，參與機密，轉督護參軍、武威太守。軌保涼州，澹之力居多。……及駿嗣位，澹弟鑑為鎮軍將軍。駿以陰氏門宗強盛而功多

20　《資治通鑑》卷七九，西晉武帝泰始八年（272）條，第 2523 頁。孫曉林《漢-十六國敦煌令狐氏述略》（載《北京圖書館館刊》1996 年第 4 期）在研究敦煌令狐氏家族時，曾對晉初敦煌宋氏的豪族性格亦有揭示：「從《通鑑》的記述來看，此事件似乎始終由功曹宋質操縱，身為郡府上佐的宋質敢於抗命涼州刺史，自行廢立，恐怕並非來自於功曹的權勢，而當從宋氏的豪族地位上得到解釋」；「在宋氏、令狐氏合作的這次事件中，我們還看到，宋氏和令狐氏的作用、角色並不一樣，廢梁澄、表立令狐豐，直至擊敗楊欣都是宋質所為，說明宋氏具備一定的武力，在他身上地方豪族的色彩似乎更多一些。」

也，遂忌害之。乃諷其主簿魏纂誣鑑謀反，逼令自殺，於是大失人情。

　　然該書未言及陰充，在卷九七《北涼錄四，陰興》中還有敦煌人陰興。[21]之後，清人張澍輯《續敦煌實錄》沿承其說，將陰澹、陰興列籍敦煌，並續補了陰鑒，亦無陰充。[22]近代以來的敦煌地方志大多相襲此說，[23]甚至在《敦煌學大辭典》中也依然如此。[24]

　　白須淨真逐一分析了這四位股肱謀主，稱宋配、氾瑗為敦煌人，陰澹只是擔任過敦煌太守，而陰充則無殘存資料，並云：「像這樣對張軌的股肱謀主進行考察，很顯然，他們不像張軌那樣來自於外部的勢力，而是河西、特別是以敦煌為中心的本地豪族與名族。」[25]白須氏持論嚴謹審慎，雖然他肯定了以宋配、氾瑗為代表的敦煌大族的作用，卻對二陰的郡望未作直接的判斷，而是置於較為寬泛的河西範疇之中。他顯然是不太相信屠、項輯本所持陰澹為敦煌人的說法，這可能是因為該說法在現存的此前著述中沒有出現過。崔鴻原書在北宋修撰的《新唐書》卷五八《藝文志二》中猶被記載，且在《通鑑考異》與《太平御覽》裡常被引錄，而到南宋時多已不見著錄，說明宋代已經亡

21　屠喬孫、項琳輯：《十六國春秋》卷七五《前涼錄六，陰澹》、卷九七《北涼錄四，陰興》，載文淵閣《四庫全書》史部載記類，第463冊，第932、1089頁。

22　張澍輯：《續敦煌實錄》卷三《陰澹（弟鑑）》、卷五《陰興》，第62、103-104頁。

23　呂鍾修纂：《重修敦煌縣志》卷一〇《人物志上》，甘肅人民出版社2002年版，第260-261頁；《敦煌志》編纂委員會編《敦煌志》卷一二《人物》，中華書局2007年版，第969頁。

24　季羨林主編：《敦煌學大辭典》「陰澹」條（汪泛舟撰），第340頁。

25　〔日〕池田溫編：《講座敦煌》第三卷《敦煌の社會》I《社會の構成と推移》一《在地豪族、名族社會———到四世紀の河西——》（白須淨真撰），第35-36頁。

佚。[26]屠、項輯本因未注明史料出處，有些史實於現存他史無征，故曾被視作偽書而難以皆被信從，像陰澹為敦煌人這一説法不為白須氏所信從，即或如此。不過趙儷生則認為，「它所著錄的某些歷史資料，多為《晉書》、《魏書》所不備，此即其不可搖撼的價值之所在」，[27]從這個角度看，陰澹是否為敦煌人則需要進行一番仔細的考證才可。

　　首先應該注意的是陰澹之弟陰鑒。據《魏書》卷九九《私署涼州牧張寔附張駿傳》記載，「軌保涼州，陰澹之力，駿以陰氏門宗強盛，忌之，乃逼澹弟鑒令自殺，由是大失人情。駿既病，見鑒為祟，遂死」。張澍因其兄弟關係而將陰鑒也列為敦煌人。但屠、項輯《十六國春秋·前涼錄》既未為陰鑒列專錄，且在顏之推《還冤記》中又稱作「武威陰鑒」：

　　　　晉時，張駿據有涼州，忌害鎮軍將軍武威郜（陰）鑒，[28]以其宗族強大而多功也。遂諷其主簿魏纂，使誣鑒謀反。駿逼鑒自殺。後三年，纂病，見鑒在側，遂死。[29]

屠、項二氏記兄陰澹為敦煌人，而顏氏則稱弟陰鑒望出武威，那麼前

26　參邱久榮：《〈十六國春秋〉之亡佚及其輯本》，載《中央民族大學學報》1992 年第 6 期；陳長琦、周群：《〈十六國春秋〉散佚考略》，載《學術研究》2005 年第 7 期。關於司馬光《通鑑考異》所參考的《十六國春秋》及諸種略本，請參町田隆吉：《〈資治通鑑考異〉所引〈十六国春秋〉及び〈十六国春秋鈔〉について——司馬光が利用した〈十六国春秋〉をめぐって——》，載《国際学レヴュー》第 12 號，2000 年。

27　趙儷生：《〈十六國春秋〉〈晉書·載記〉對讀記》，載《史學史研究》1986 年第 3 期。

28　郜鑒、陰鑒為同時代之人，但一在江南，一在西北，地隔遙遠，且郜鑒的籍貫為高平，與武威無涉，此處之「郜」當為「陰」字之誤。

29　顏之推：《還冤記》，見陶宗儀等編《説郛三種》之《説郛一百二十卷》卷七二，上海古籍出版社 1988 年版，第 6 冊，第 3379 頁。

涼時代聲勢煊赫的陰氏家族究竟是敦煌人還是武威人，抑或為同一家族之分支？[30]

目前所見唐、宋時代的諸姓氏書中，陰氏有南陽、始平、武威、吳興、廣樂諸望，[31]而無敦煌望。《元和姓纂》卷五「陰」條云：「【武威陰】後漢衛尉陰綱孫常，徙武威姑臧。八代孫襲，家荊州作唐」；廣樂望提到的北周陰嵩，亦「狀稱本武威人」，[32]由此可知東漢時陰常西徙武威，逐漸形成了武威郡望。惜從陰常至其八代孫陰襲之間，《元和姓纂》沒提到前涼時期的任何人物；而在史籍中，漢晉間河西陰氏人物亦極鮮見，直到前涼時才異軍突起。趙以武從武威陰氏的角度出發，對它與敦煌陰氏的關係作了如下分析與推斷：

武威姑臧陰氏一支於張軌出任涼州刺史之前，其宗族內部大概又有遷居敦煌的分支出現。張軌謀主之一的陰澹，據明人屠喬孫《十六國春秋・前涼錄》所記為敦煌人。屠本不明出處，有「偽書」之稱，當然不能完全憑信。但是《晉書・苻堅載記》卻明確記載有「敦煌陰據」，說明陰氏確有自稱敦煌籍的情況存在。敦煌陰氏當然是從武威陰氏族中分離出去的，很可能是因家族內訌引起他遷敦煌所致。……敦煌陰氏分支衍成大姓望族，看來是在隋唐之世。敦煌陰氏在前涼時即

30　姜伯勤《高昌世族制度的衰落與社會變遷——吐魯番出土高昌麴氏王朝考古資料的綜合研究》（載《中國社會歷史評論》第 4 卷，商務印書館 2002 年版）曾說，高昌世族門閥主要源出涼州大姓，其中高昌陰氏出自「（武威）敦煌陰氏」，此種表述方法顯得較為模糊。

31　P.4638《大番故敦煌郡莫高窟陰處士公（嘉政）修功德記》云：「其先源南陽新野人也」；S.2052《新集天下姓望氏族譜一卷並序》記載雍州始平郡、涼州武威郡、湖州吳興郡皆有陰氏；林寶《元和姓纂（附四校記）》卷五「陰」條有南陽新野、武威、廣樂諸望，第 1 冊，第 748-750 頁。

32　林寶：《元和姓纂（附四校記）》卷五「陰」條，第 1 冊，第 749-750 頁。

有記載可按，說明魏晉時武威陰氏宗族內部有過再徙敦煌而居的分化。[33]

無論是從陰氏自東漢到前涼的縱向時間觀察，或者是自中原經武威再到敦煌的橫向空間路線來看，趙氏推斷敦煌陰氏從武威析出，是有道理的；但他說在張軌刺涼之前的魏晉時代陰氏從武威徙居敦煌卻無例證，而推測西徙的原因為家族內訌則純屬臆斷。楊學勇從敦煌陰氏的角度出發，首先分析了它有南陽、武威、始平三個郡望源流，並推測「可能敦煌陰氏始於陰澹一支。此外有關材料尚未發現，又在敦煌文獻中陰氏絕大多數都以武威望自稱，所以敦煌陰氏起碼有一支源自武威應沒問題」，並論說了前涼中期陰澹為了避禍而從武威移居到了敦煌：

陰澹弟「武威陰鑒」為武威人，而《前涼錄》說陰澹是敦煌人，或許是因張茂時陰澹作敦煌太守，又值張駿忌害陰氏門宗強盛而殺陰鑒，迫使陰澹居留敦煌遠離政治中心以避免被猜忌，從而後來成了敦煌人，不過此時的敦煌應指里貫而非郡望。[34]

筆者贊同楊氏的推論。陰澹擔任過涼州治中從事、督護參軍、武威太

---

33 趙以武：《武威陰氏與陰鏗》，載黨壽山主編《五涼文化研究》創刊號，武威，1993年。

34 楊學勇：《敦煌陰氏族源與郡望》，載《尋根》2004 年第 4 期。又，馬德《敦煌陰氏與莫高窟陰家窟》（載《敦煌學輯刊》1997 年第 1 期）亦云：「武威陰氏興盛於十六國前涼時代，實際上就是敦煌陰氏。不過此陰氏家族當時在敦煌並不是望族，而是在前涼時代因陰澹輔佐張軌成就大業而成為鼎盛之家。」他雖然也認同敦煌陰氏始自陰澹，與武威陰氏本屬同支，但對敦煌陰氏的形成過程卻未作論說。

守等職，此外他還當過左將軍，[35]並在張茂時出任敦煌太守。張駿時其弟陰鑒遭誅，陰澹則到曾經任職過的敦煌避禍，大概從此居留敦煌，成為敦煌陰氏的始祖；[36]稍後在張重華、張祚時有一位陰顥，很可能也定居於敦煌；[37]到前涼末，史籍中出現了前秦「王猛獲張天錫將敦煌陰據及甲士五千」之語，[38]反映了前涼中後期敦煌陰氏的郡望逐漸形成。也正因此，屠、項輯《十六國春秋‧前涼錄》把陰澹當作敦煌人，而陰鑒仍被顏之推稱為武威人，與陰澹同為張軌股肱謀主的陰充自然也沒有被屠、項二氏認為是敦煌人。這印證了趙儷生所說的話，屠、項輯本著錄的某些歷史資料雖不見於《晉書》、《魏書》，卻有其珍貴的史料價值，具備卓越的史識，是不可輕易否認的。

　　然而頗堪玩味的是，唐代前期的敦煌文獻 P.2625《敦煌名族志》殘

35　《隋書》卷三三《經籍志二》云：「《魏紀》十二卷左將軍陰澹撰」，第957頁。

36　值得注意的是，在樓蘭出土簡紙文書中出現了一些陰姓人物，如 L. A. II. ii——孔紙7「濟逞白報：陰姑素無患苦，何悟奄至？」L. A. V. i. 2——沙木889「陰游」等，參侯燦、楊代欣：《樓蘭漢文簡紙文書集成》，第1冊，第160-161頁；第2冊，第360-361頁。這些位於敦煌以西的樓蘭地區的陰氏人物，或許與敦煌具有某些關聯。前件文書中的「濟逞」，據小山滿《「張濟」文書の考察》（載《東洋学術研究》第11卷第1號，1972年）考證，樓蘭簡紙文書中的「張超濟」、「張濟逞」、「濟」，即使不能斷定為同一人，至少也屬於同一時代的同一集團，並將張濟文書的年代上、下限考訂為三一〇至三三三年。孟凡人《樓蘭鄯善簡牘年代學研究》（第20-26頁）根據書法與內容等特徵，更是直接斷定為同人異名，雖然他不同意小山氏把文書中的「世龍」比定為後趙國主石勒，但判定文書年代為三一〇至三三〇年左右，則與小山氏相近。《樓蘭漢文簡紙文書集成》（第2冊，第295、278頁）在繼承孟氏觀點的基礎上，更進一步考證張超濟在樓蘭為官的時間上限有可能在三二四年或在稍前不久，下限在三二九年稍後不久。因此，濟逞白報中的陰姑當亦在此期間，即前涼張駿執政時期。

37　《晉書》卷九四《隱逸‧宋纖傳》云：「不應州郡辟命，惟與陰顥、齊好友善。張祚時，太守楊宣畫其象於閣上」，第2453頁。宋纖為敦煌效谷人，楊宣為敦煌太守，在太守之前省書「敦煌」二字（後文提到酒泉太守馬岌，則不省略「酒泉」二字），故推測陰顥很可能也是敦煌人。

38　《晉書》卷一一三《苻堅載記上》，第2894頁。

存張、陰、索三氏，陰氏部分書於中間，首尾完整，但對隋唐以前隻字未記，僅從「隨（隋）唐已來，尤為望族」敘起，接下來羅列了唐代的一些陰氏人物。這種做法與同一族志中張、索二氏的情況迥異，似乎表明在敦煌地區，唐代陰氏與五涼陰氏沒有任何傳承關係，或者是在有意迴避著什麼；而到歸義軍時期，一些邈真贊、墓誌銘中的敦煌陰氏人物在敘述其家族淵源時，也都不提及五涼陰氏，大多稱他們是上述族志中的北庭副大都護陰嗣監的後代，[39]卻又追祖於武威陰氏。[40]

　　通過以上考辨，筆者論證了陰充、陰澹皆為武威人，但後者在前涼中期因任官避禍而成了敦煌人，以宋配、氾瑗為代表的敦煌大族在前涼王國的創建中起到了關鍵性的作用，[41]這也是張軌拉攏敦煌、武威大族，藉以鞏固自身政權的重要手段。若再考慮前涼初期太府參軍索輔、太府主簿令狐亞、武威太守張琠、酒泉太守張鎮等敦煌籍官員，就足以顯示出敦煌大族與前涼王國之間密切的政治關係了。

（三）前涼前期的兩次讖謠——敦煌張氏、武威賈氏等河西大族與前涼張氏的較量

　　前涼初期，張軌爭取到了敦煌宋、氾二氏與武威陰氏等河西大族的支持，但在張軌統治後期與張茂時期，河西地區先後出現了兩次讖謠，卻與敦煌張氏、武威賈氏有關，反映了這兩地最為顯著的頭等甲

39　如 P.4660《河西節度故左馬步都押衙陰文通邈真贊》云：「門承都護，閥閱暉聯」；P.3720《敕授河西應管內都僧統陰海晏墓誌銘並序》稱「安西都護之貴沠矣」。

40　如陰海晏之侄 P.2970《唐故河西歸義軍節度內親從都頭守常樂縣令武威郡陰善雄邈真贊並序》云：「門承鐘鼎，代襲簪纓；族美珪璋，懿聯侯室」；P.2482《陰善雄墓誌銘並序》稱「武威郡貴門之勝族也」。

41　《資治通鑑》卷八四西晉惠帝永寧元年（301）、卷八六永興二年（305）、懷帝永嘉六年（312）條（第 2650、2708、2784 頁）記載宋配、氾瑗討破鮮卑、降伏東羌校尉韓稚、擊敗秦州刺史裴苞並率軍勤王。這裡都只提到敦煌宋、氾二人，而未及武威二陰。

族與前涼張氏之間展開了爭奪涼州統治權的較量。

第一次讖謠發生在三〇八年張軌患病中風之時：

晉昌張越，涼州大族，讖言：「張氏霸涼」，自以才力應之。從隴西內史遷梁州刺史。越志在涼州，遂托病歸河西，陰圖代軌，乃遣兄鎮及曹袪、麴佩移檄廢軌，以軍司杜耽攝州事，使耽表越為刺史。[42]

「張氏霸涼」很可能是三〇一年張軌出刺涼州之前就已經製造出來的讖言，當時是為安定張氏統治涼州作輿論準備。史載張軌「頗識天文」，[43] 善於卜筮，「軌以時方多難，陰圖據河西，筮之，遇《泰》之《觀》，乃投策喜曰：『霸者兆也。』於是求為涼州」。在他到達河西之後，擴建了姑臧城，結合漢末博士敦煌侯瑾對其門人所說的「後城西泉水當竭，有雙闕起其上，與東門相望，中有霸者出焉」的預言，「至是，張氏遂霸河西」。[44]三〇六年年底，晉惠帝崩亡，懷帝即位，東海王司馬越輔政，西晉政權在內憂外患的夾攻下已經風雨飄搖，這使得涼州刺史張軌蠢蠢欲動，謀求割據河隴一隅。翌年，在涼州境內的張掖、武威等地，就出現了一些與「張」字有關的符瑞，如「張掖臨松山石有『金馬』字，磨滅粗可識，而『張』字分明，又有文曰：『初祚天下，

42　《晉書》卷八六《張軌傳》，第 2223 頁。

43　《魏書》卷九九《私署涼州牧張寔傳》，第 2193 頁。

44　《晉書》卷八六《張軌傳》，第 2221-2222 頁。與張軌關係密切的西晉秘書監繆世征、少府摯虞曾夜觀星象，相與言曰：「天下方亂，避難之國唯涼土耳。張涼州德量不恆，殆其人乎！」這其實也是身為星象家的張軌同僚為其「張氏霸涼」的讖言提供輿論支持。又參同書卷一三《天文志下》「月五星犯列舍」條云：「永寧元年（301），自正月至於閏月，五星互經天，縱橫無常。……今五星悉經天，天變所未有也」，第 367 頁。

西方安萬年」。姑臧又有玄石，白點成二十八宿」。[45]津田資久對魏晉至
唐初張掖郡玄石的特徵作了系統的考察，其中就有前涼張軌時期的這
次玄石祥瑞，這是張軌為了尋求割據涼州的正當性而特意編造出來
的。[46]

　　然而，僅言「張氏霸涼」或只刻「張」字之玄石，並不足以當作
張軌稱霸涼州的唯一根據。因為河西地區自漢代以來就有著名的敦煌
張氏，湧現出了漢末的張奐、張芝父子，[47]曹魏的張恭、張就父子，[48]
以及晉初「敦煌五龍」之一的張䝓等人物。[49]在河西，敦煌張氏的聲望
與影響要比從隴右徙入的安定張氏大得多。上文説到的「晉昌張越，
涼州大族」，其實就出自敦煌張氏。《後漢書》卷六五《張奐傳》云：
「張奐字然明，敦煌淵泉人也」，淵泉縣位於敦煌郡最東端（今甘肅省
瓜州縣雙塔鄉）。《晉書》卷一四《地理志上》云：「元康五年（295），
惠帝分敦煌郡之宜禾、伊吾、冥安、深泉、廣至等五縣，分酒泉之沙
頭縣，又別立會稽、新鄉，凡八縣為晉昌郡」，[50]是知「晉昌張越」實

45　《晉書》卷八六《張軌傳》，第 2223 頁。《太平御覽》卷五〇《地部十五·臨松山》
　　引《十六國春秋》文字稍異：「晉元（永）嘉元年，張掖臨松山有石如『張掖』字，
　　『掖』漸滅，『張』字分明，又有文曰：『初〔祚〕天下，四方安萬年』」，第 244 頁。
　　屠喬孫、項琳輯《十六國春秋》卷七〇《前涼錄一·張軌》（載文淵閣《四庫全書》
　　史部載記類，第 463 冊，第 889 頁）多出「又蘭池送玄石大如丸，破之，中有『必』
　　字，青點白文書之」一句。

46　〔日〕津田資久：《符瑞「張掖郡玄石図」出現と司馬懿の政治的立場》，載《九州
　　大学東洋史論集》第 35 號，2008 年。

47　《後漢書》卷六五《張奐傳》，第 2138-2145 頁。

48　《三國志》卷一八《魏書·閻溫傳》，第 550-551 頁。

49　《晉書》卷六〇《索靖傳》，第 1648 頁。

50　晉朝以晉名國，晉昌郡共有三個，除了涼州境內的晉昌郡外，還有兩處：一在并州，
　　「惠帝改新興為晉昌郡」；二是梁州，東晉「桓溫平蜀之後，以巴漢流人立晉昌郡」，
　　見《晉書》卷一四《地理志上》，第 429、434、438 頁。

即原居住在淵泉（即深泉，唐人修《晉書》為避唐高祖李淵之諱而改）
縣的敦煌張氏，勢力很大，故被稱為「涼州大族」。敦煌張氏工於草
書，世代相傳，書法人物輩出。[51]東漢末有張芝、張昶兄弟，皆善草
書；[52]西晉時「敦煌有張越，仕至梁州刺史，亦善草書」，[53]其為敦煌
人，善草書，當是張芝的後代。因此，「張氏霸涼」這一讖言的出現，
雖然為安定張氏割據涼州創造了輿論條件，但同時也為敦煌張氏與安
定張氏爭奪涼州統治權埋下了伏筆。

　　在張軌大搞玄石符瑞的次年，亦即永嘉二年（308）二月，不巧的
是他患了中風病，敦煌大族張越自認為符應「張氏霸涼」的讖言，趁
機與其兄酒泉太守張鎮一起聯合敦煌曹氏、武威賈氏、西平麴氏等河
西大族，掀起了倒張軌的奪權鬥爭。張越弟兄暗地拉攏秦州刺史武威
賈龕以代張軌，並勾結西平太守敦煌曹祛，「圖為輔車之勢」，還得到
了涼州別駕西平麴晁的策應支持。但賈龕在其兄賈胤[54]的勸說下，退出
了這一行動，這可能是下文將要提及的張軌與賈氏之間的聯姻起了作
用。之後，西晉派出袁瑜為涼州刺史，又被涼州治中陰澹赴長安為張
軌訴冤而止。在這樣的情況下，張越遂從梁州潛回河西，在其兄張鎮
及西平太守敦煌曹祛、西平大族麴佩的支持下，移檄廢軌，自表為涼
州刺史。以敦煌張氏為首的河西大族倒張軌行動，使前涼政權面臨著

51　參陳琪《敦煌張氏書法人物輯考》，載《敦煌學輯刊》2007 年第 2 期。不過所列唐五
　　代的敦煌張氏人物，並非都擅長書法。

52　《後漢書》卷六五《張奐傳》云：「長子芝，字伯英，最知名。芝及弟昶，字文舒，
　　並善草書，至今稱傳之」，第 2144 頁。

53　張懷瓘：《書斷》下《能品一百七人・章草十五人・趙襲》，載張彥遠集《法書要錄》
　　卷九（叢書集成初編本），中華書局 1985 年版，第 136 頁。

54　《晉書》、《資治通鑑》、《十六國春秋》皆未言賈龕之兄的名字，據《三國志》卷一
　　○《魏書・賈詡傳》裴松之注引《世語》（第 332 頁）曰：「模，晉惠帝時為散騎常侍、
　　護軍將軍，模子胤，胤弟龕，從弟疋，皆至大官，並顯於晉也」，知為賈胤。

嚴峻的危機與挑戰。

　　然而，張軌雖病，頭腦卻很冷靜，他採取四種策略，迅速粉碎了這一陰謀，平定了叛亂，鞏固了前涼政權的統治。第一，他假作姿態，宣稱「吾視去貴州如脫屣耳」，[55]並派人奉表到晉都洛陽，請求歸老。這是針對河西大族說的，故稱「貴州」，意圖是在觀察他們的動向。同時，他採納長史王融、參軍孟暢的建議，在姑臧城實施了戒嚴令。第二，對於處在腹心之地的武威大族賈氏，張軌採取聯姻策略，為子張寔娶賈摐之姊，獲得了他們的政治支持。這一聯姻對於瓦解敦煌張氏與武威賈氏的聯盟應該有著積極的作用。第三，對大多數敦煌大族採取團結拉攏的策略，從而達到了分化孤立張越的目的，是張軌策略最成功的體現。如武威太守敦煌張碘遣子張坦[56]入京獻表，請求晉廷勿聽流言而有遷代；太府主簿敦煌令狐亞前往酒泉，說服了乃舅張鎮，進一步從內部分化了敦煌張氏；作為張軌首席謀主的敦煌宋配，則隨張寔南討西平，擊斬曹祛、田囂、麴儒。第四，對於西平太守敦煌曹祛與當地大族麴、田等氏實力派，則果斷地採取了鎮壓手段。很顯然，張軌非常注重與儒學高門的敦煌、武威大族的關係，採用籠絡、聯姻、分化等多種策略，以安撫為主；而對於偏處西平的武力強宗麴、田等氏，則派遣軍隊，兩路進討，加以剿滅。

　　由於張軌很好地處理了與河西諸大姓的關係，或拉或打，有效地

55　《晉書》卷八六《張軌傳》，第 2223-2224 頁。

56　張澍輯：《續敦煌實錄》卷一《張碘（子坦）》，第 16 頁。

分化了河西大族的聯盟，[57]從而使張越孤立無援，東奔於鄴，[58]鞏固了
前涼王國的政治統治。從這一事件中可以看出，無論是張越試圖篡奪
涼州最高統治權，或者是張琠、令狐亞、宋配等大多數敦煌大族支持
張軌，都說明了敦煌大族扮演著最為重要的角色。

　　第二次讖謠發生在張茂統治時期：

　　涼州大姓賈摹，寔之妻弟也，勢傾西土。先是，謠曰：「手莫頭，
圖涼州」。茂以為信，誘而殺之，於是豪右屏跡，威行涼域。[59]

　　此次主要是武威賈氏與前涼張氏的矛盾，但值得注意的是，敦煌
張氏站在了賈摹一邊，也參與了這次事件。據《十六國春秋・前涼錄》
記載，敦煌郡主簿張宅夢見走馬上山，繞舍三周，但見松柏，不知門

57　武守志：《五涼政權與西州大姓》，載《西北師大學報》1985 年第 4 期。

58　《資治通鑑》卷八六，西晉懷帝永嘉二年（308）二月條云：「張越奔鄴，涼州乃
　　定」，第 2736 頁。按，《晉書》卷一〇四《石勒載記上》載其起事之初，召集了「十
　　八騎」，中有張越；又云：「勒姊夫廣威張越與諸將蒲博，勒親臨觀之。越戲言忤勒，
　　勒大怒，叱力士折其脛而殺之」，第 2708、2726 頁。據小山滿《「張濟」文書の考察》
　　（載《東洋学術研究》第 11 卷第 1 號，1972 年）對樓蘭出土張濟文書的考證，認為
　　《晉書・張軌傳》中的「晉昌張越」應即《石勒載記上》的石勒姊夫廣威將軍張越。
　　屠喬孫、項琳輯《十六國春秋》卷二二《後趙錄十二・張越》（載文淵閣《四庫全書》
　　史部載記類，第 463 冊，第 489 頁）記載「張越，上黨武鄉人」，這大概是由於張越
　　與石勒的姻親關係，而將兩人的籍貫等同起來，忽略了他實際出自敦煌。

59　《晉書》卷八六《張軌附張茂傳》，第 2232 頁。《魏書》卷九九《私署涼州牧張寔附
　　張茂傳》（第 2194 頁）則云：「茂妻弟賈模兄弟謀害茂，茂殺之」；不過在校勘記〔一〕
　　（第 2210 頁）中已指出兩者之異，並稱「按《茂傳》有『手莫頭，圖涼州』之謠，則
　　字當從『手』上『莫』」。從張茂對武威賈氏的打擊來看，與賈摹之姊結親者應是其
　　兄張寔，而非張茂。又，三〇八年張軌中風後一度由張茂攝州事，三一四年卒後則由
　　張寔繼為涼州刺史，張寔、張茂兄弟之間可能因此積怨，而張寔與賈摹之姊相婚姻，
　　以致在張茂時出現誅滅賈摹之事件。

處；索紞為之解夢，稱後三年必有大禍，「宅果與賈摹等謀反伏誅」。[60]
張宅請索紞解夢一事，亦見於《晉書》卷九五《藝術・索紞傳》，但傳
文僅云「以謀反伏誅」，未説是與賈摹共同謀反，賴《十六國春秋》始
知是賈摹之亂。張宅雖然沒有被張澍列入《續敦煌實錄》，但前涼王國
仍實行漢代以來州郡辟署屬吏必用本地人的制度，[61]尤其是前涼屬於地
方割據政權，且張宅與索紞同在敦煌，故推測他極可能也是敦煌人，
甚或與張越家族有關。從這一事件可知，直到張茂執政時，敦煌張氏
仍在蓄謀反抗，並與武威賈摹實行聯手，反映了河西大族與前涼張氏
的持續較量。

（四）前涼中期陰氏的誅戮及其西徙敦煌

如前所論，陰氏在前涼前期勢力極盛，陰充、陰澹是張軌的股肱
謀主，陰氏其他人物如率軍勤王的陰濬、抗擊前趙的前鋒督護陰預、
曾任鎮軍將軍的陰鑒、別駕陰監，則形成了前涼軍界的實力派。但到
前涼中期張駿執政時，卻「以陰氏門宗強盛，忌之，乃逼澹弟鑒令自
殺，由是大失人情」。[62]陰氏與張駿的交惡，「門宗強盛」只是個表面現
象，關鍵在於陰氏在張寔、張駿系與張茂系的權力鬥爭中站在了張茂
一邊，故到張駿時遭到了誅戮。學術界對這一問題向無關注，而這對
武威陰氏遭到誅戮及其西徙敦煌卻至為重要。

需要注意的是，《晉書》與《魏書》對前涼張氏的記載筆法有所不
同，前者以張軌為傳主，附記其子孫；後者則以張寔為傳主，追述其

60　《太平御覽》卷三九七《人事部三十八・敘夢》，第 2 冊，第 1833-1834 頁。

61　嚴耕望《中國地方行政制度史》乙部《魏晉南北朝地方行政制度》（下冊，第 382-
386、862-867 頁）在考察魏晉南北朝地方行政制度時，對長官、屬吏的籍貫進行了研
究，認為漢代長官必用外籍人的制度已遭廢棄，而屬吏必用本境人的制度尚嚴格執
行。

62　《魏書》卷九九《私署涼州牧張寔附張駿傳》，第 2195 頁。

父張軌，並附記其弟及子孫，且稱其為「私署」，這反映了兩書修史者對前凉王國的性格存在著不同的認識。《魏書》的撰寫距離前凉時代較近，且張寔既不馳援長安，致使京師淪陷，西晉愍帝被俘而亡；又拒絕奉用東晉年號，仍用西晉愍帝建興年號紀年，故趙向群云：「應當說，張寔是前凉割據政治的實際締造者，從張寔起，前凉躋身於十六國之列」，[63]可見《魏書》雖被稱為「穢史」，[64]但對前凉王國的記述卻很有見地。而《晉書》既不將前凉張氏列諸載記，又在敘述其忠晉思想與獨立割據的矛盾時常顯出文筆上的尷尬。尤應注意的是，兩書對張軌晚年病風後二子張寔、張茂的有關記載頗有歧異，這透露出兄弟倆為了奪權在明爭暗鬥。《魏書》卷九九《私署凉州牧張寔傳》云：

軌年老多疾，拜寔撫軍大將軍，副凉州刺史。未幾，軌風病積年，二子代行州事。

《晉書》卷八六《張軌傳》則云：

軌後患風，口不能言，使子茂攝州事。

比較兩書可以發現，張寔作為長子，完全有資格代父掌政，然而《魏書》先說他「副凉州刺史」，不久又云「二子代行州事」，後者透露出張茂似曾取代乃兄張寔掌政凉州，個中原因不得而知。而《晉書》徑稱「使子茂攝州事」，省掉了張寔副凉州刺史掌政之事。由此可見，

63　趙向群：《五凉史探》之《前凉篇》，第 63 頁。

64　《北齊書》卷三七《魏收傳》，第 489 頁；《北史》卷五六《魏收傳》，第 2032 頁。
　　參周一良：《魏收之史學》，載《魏晉南北朝史論集》，第 256-292 頁。

張寔、張茂兄弟在乃父病重之際，曾出現了某些不和諧的跡象。

　　三一四年，張軌卒，張寔上臺。《晉書》卷八六《張軌附張寔傳》云：「建興（313-316）初，除西中郎將，領護羌校尉。軌卒，州人推寔攝父位」，推立他上臺的「州人」是誰呢？《資治通鑑》卷八九西晉愍帝建興二年（314）條云：「軌薨，長史張璽等表世子寔攝父位」；除了長史張璽外，氾禕也屬於支持張寔派。[65]而原先「攝州事」的張茂則未能當上涼州刺史。

　　三二〇年，張寔死於一夥來自京兆的左道之徒之手，[66]弟張茂繼位。《晉書》卷八六《張軌附張茂傳》云：「太興三年（320），寔既遇害，州人推茂為大都督、太尉、涼州牧，茂不從，但受使持節、平西將軍、涼州牧。乃誅閻沙及黨與數百人，赦其境內。復以兄子駿為撫軍將軍、武威太守、西平公。」這裡又出現了「州人」一詞，即《資治通鑑》卷九一東晉元帝太興三年條提到的左司馬陰元等人：

　　左司馬陰元等以寔子駿尚幼，推張茂為涼州刺史、西平公，赦其境內，以駿為撫軍將軍。[67]

65　湯球輯《十六國春秋輯補》卷六八《前涼錄二・張寔》云：「建興初，除西中郎將，領護羌校尉。二年，軌卒，州人推寔攝父位。建興元年（313），長史張璽、氾禕等表寔嗣位」，第487頁。依此記載，張璽、氾禕等人擁戴張寔嗣位，是在張軌卒前，或有急於上臺之嫌。關於氾禕，S.1889《敦煌氾氏家傳並序》及屠喬孫、項琳輯《十六國春秋》卷七五《前涼錄六・氾禕》（載文淵閣《四庫全書》史部載記類，第463冊，第928頁）均記其為敦煌人，並云「仕寔為左長史」。據《晉書》卷八六《張軌傳》（第2231、2234頁）記載，張茂時，前趙攻涼，氾禕勸張茂勿要親征禦敵，不被信從；到張駿時，他官居右長史，曾勸張駿改年號，可見是張寔、張駿系人物。

66　《晉書》卷八六《張軌附張寔傳》，第2230頁。

67　又參《太平御覽》卷一二四《偏霸部八・前涼張茂》引崔鴻《十六國春秋・前梁（涼）錄》，第1冊，第599頁。

很顯然，以左司馬陰元為首的「州人」屬於張茂勢力集團，而與張寔、張駿系相敵對。這位陰元，在明代何鏜輯《十六國春秋》中則被寫作「陰元年」。[68]前凉人物在史籍的傳抄過程中，姓名被抄錯，甚至出現張冠李戴的情況，是屢見不鮮的。以前凉國主為例，張寔又寫作張實、張宴、張晏，張駿又作張俊，張耀靈又作張靈耀、張曜靈、張靈曜，張玄靚又作張玄覫、張元靖、張玄靜。至於其他人物，字形相近而誤者，如宋與宗、曾與魯、黑與里；偏旁相誤者，如摹與模、僚與尞、凝與疑；甚至還有張冠李戴者，如田豹作田邈、宋修作宗悠、黃平作馬興平。「元」、「充」二字字形相近，很可能左司馬陰元就是前凉初年張軌的股肱謀主陰充。[69]若這一推斷成立的話，以陰充（元）、陰澹、陰鑒為代表的武威陰氏家族，先是在張軌病風之時，支持張茂攝行州事；後來又在張寔去世之後，扶立張茂為國主，從而與張寔、張駿系產生了政治矛盾，並最終導致陰氏在張駿時遭到誅戮。張茂系與張寔、張駿系的矛盾，還可以從上節所述賈摹事件中看出，張茂誘殺張寔妻弟武威大族賈摹，應該是對張寔系勢力的進一步清理。

三二四年，張茂卒，侄張駿立。陰氏家族在張駿時遭到誅戮，這可能與陰充（元）等推立張茂上臺有關。蓋此時陰充（元）已卒，陰氏家族中被誅的陰鑒，是與陰充（元）同為張軌股肱謀主的陰澹之弟，在張茂時曾任寧羌護軍，張駿時為鎮軍將軍，是前凉軍界的實力派人物。這一狀況，自然更加引起了張駿的不滿，遂令主簿魏纂誣陷陰鑒

68 崔鴻著、何鏜輯《十六国春秋》卷七《前凉錄・張實》云：「實左司馬陰元年以實既被害，子駿沖幼，宜立長君，乃推茂為大都督、太尉、凉州牧」，載文淵閣《四庫全書》史部載記類，第463冊，第1147頁。

69 〔日〕後藤勝《河西王国の性格について》（載《歴史教育》第15卷第9、10合併號，1967年）將「陰充」又誤錄作「陰克」。

謀反，逼其自殺，這實質上是在清理張茂系的勢力，削奪陰氏的軍事
權力，但張駿也由此大失人情，削弱了前涼王國的統治基礎，從此走
向了衰落。

陰澹在張茂時外任敦煌太守，他一手抓經濟發展，大力興修水
利，開渠溉田；[70]另一手抓文化建設，尊師重教，禮待著名學者索襲、
索紞等人，大力發展教育，[71]為敦煌地區經濟文化事業的發展做出了貢
獻。當張駿時武威陰氏在遭受誅戮打擊之後，陰澹為了避禍，西徙到
了曾經任官的敦煌地區。從陰澹身上可以看出，這時陰氏已開始從軍
界轉向儒學，積極向以經學傳家的敦煌傳統大族索氏等靠近，並且撰
寫了《魏紀》十二卷，[72]努力使其家族從武力強宗轉變為儒家世族。在
此之後，著名的敦煌學者宋纖「惟與陰顒、齊好友善」，[73]也印證了敦
煌陰氏的這一趨向。到前涼末年，陰據被認為是敦煌人，說明已經正
式形成了敦煌陰氏的郡望。在前涼亡國之後，陰氏家族仍然居住在敦
煌，如在立國敦煌的西涼時，有西安太守陰亮、[74]武威太守陰訓、姑臧
令陰華，[75]北涼時有助教敦煌陰興。[76]尤其是李暠以陰訓、陰華父子為

70　P.2005《唐沙州都督府圖經卷第三》「七所渠」條末列「陰安渠：長七里。右在州西
　　南六里甘泉水上。據《西（前）涼錄》，敦煌太守陰澹於都鄉斗門上開渠溉田，百姓
　　蒙利而安，因以為號」。

71　《晉書》卷九四《隱逸・索襲傳》云：「張茂時，敦煌太守陰澹奇而造焉」；卷九五
　　《藝術・索紞傳》載其回歸敦煌，「太守陰澹從求占書」，第2449、2495頁。

72　《隋書》卷三三《經籍志二》，第957頁。

73　《晉書》卷九四《隱逸・宋纖傳》，第泌3頁。

74　《晉書》卷八七《涼武昭王李玄盛傳》，第3259頁。

75　《魏書》卷五二《陰仲達傳》，第1163頁。

76　《魏書》卷五二《劉昞傳》，第1160-1161頁。同卷《索敞傳》（第1163頁）云：「初，
　　敞在州之日，與鄉人陰世隆文才相友」，這裡的「州」為涼州，索敞是敦煌人，「鄉
　　人」可能是狹義地指敦煌人，但也可能是廣義地指涼州人。

其僑置或虛設的武威郡守與姑臧縣令，表明了敦煌陰氏的祖根原在武威，西涼藉助其勢力來謀求東擴，試圖從北涼手中奪取武威。然而，無論是武威陰氏或是其分支敦煌陰氏，在唐代編撰《敦煌名族志》「陰氏」條時卻根本沒有提及隋唐以前的這些本地先人。

（五）前涼後期敦煌宋氏的執政及其夷滅

從西晉初年的宋質身上，已顯示出了敦煌宋氏作為本地區武力強宗的面貌特徵，這一尚武特徵直到前涼時期依然如此，如宋配作為張軌四大股肱謀主之首，雖然其貌不揚，卻具備卓越的軍事才能。他先任司馬，受命鎮壓鮮卑若羅拔能，「斬拔能，俘十餘萬口，威名大震」；其次在平定張越之亂時，又受命與尹員率領「步騎三萬討祛」，斬殺與張越東西呼應的西平太守敦煌曹祛（又寫作「袪」）；最後率師東向勤王，「遣前鋒督護宋配步騎二萬，徑至長安，翼衛乘輿，折衝左右」，[77] 歸途中又討平了曹祛餘黨麴儒，並擔任西平太守。可以説，宋配是前涼王國的開國元勛，也奠定了敦煌宋氏的政治地位。

《魏書》卷五二《宋繇傳》記載了前涼時期宋配家族的世系：「宋繇，字體業，敦煌人也。曾祖配，祖悌，世仕張軌子孫。父僚，張玄靚龍驤將軍、武興太守。繇生而僚為張邕所誅。」從宋配到子宋悌、孫宋僚，一直在前涼王國中任職，而宋僚為張邕所誅，即在下文所述張邕誅滅宋澄的事變中一同遇害。

前涼後期，張祚從侄張曜靈手中奪得權位，並且圖謀稱帝，用兵於驪軒戎，國政暴亂。三五五年，張祚宗人河州刺史張瓘起兵造反，得到了敦煌宋氏的響應與支持。該年七月，「驍騎將軍敦煌宋混兄修，與祚有隙，懼禍。八月，混與弟澄西走，合眾萬餘人以應瓘，還向姑

---

77 《晉書》卷八六《張軌傳》，第 2222-2225 頁。

臧」。[78]宋混兄弟「西走」，自應是回到故鄉敦煌召集武裝，一呼而合眾萬餘，勢力不可小視。這萬餘人中，除了敦煌漢族大姓之外，還有許多少數民族，如《十六國春秋・前涼錄》云：「混西奔，招合夷晉，眾至萬餘人，還向姑臧」，[79]這充分顯示了敦煌宋氏在河西走廊西部的胡漢民眾中頗有影響與號召力。在向前涼國都姑臧進軍的途中，聽到舊主張曜靈被殺，「涼宋混軍於武始大澤，為曜靈發哀。閏月，混軍至姑臧」，[80]與張瓘弟張琚、子張嵩聯合攻城，殺死張祚，扶立張玄靚。敦煌宋氏與前涼宗室張瓘的聯合，很可能是因為張瓘和敦煌有著密切的關係。P.2625《敦煌名族志》「張氏」條云：「▢▢▢〔寧戎〕校尉張瓘領兵東來，▢▢▢郡城東南七里。子憑，因▢▢▢▢。憑子瑝，字仲嚴，漢豫▢▢▢，晉涼興令。自晉已後，▢▢▢郎將張慶方，即其後也。」池田溫指出，這是敦煌張氏三個系譜中的張慶方祖上的家系，始祖即為張瓘，他曾領兵到過敦煌，子孫遂定居於敦煌。[81]文書前殘，張瓘的官銜在「校尉」前可補「寧戎」二字，《魏書》卷九九《私署涼州牧張寔附張駿傳》云：「興晉、金城、武始、南安、永晉、大夏、武城、漢中八郡為河州，以其寧戎校尉張瓘為刺史」，《資治通鑑》卷九七系此事於東晉穆帝永和元年（345），可知該年張瓘從寧戎校尉遷為

78　《資治通鑑》卷一〇〇，東晉穆帝永和十一年（355）條，第3148頁。

79　《太平御覽》卷一二四《偏霸部八，前涼張祚》，第1冊，第600頁。

80　《資治通鑑》卷一〇〇，東晉穆帝永和十一年（355）條，第3149頁。

81　〔日〕池田溫：《唐朝氏族志の一考察——いわゆる敦煌名族志殘卷をめぐって——》，載《北海道大学文学部紀要》第13卷第2號，一九六五年。晚唐五代歸義軍時期，也有自稱為前涼安定張氏的後代，不過沒有提到張瓘，而是稱張天錫之子孫，如 P.3718《唐河西節度押衙知應管內外都牢城使張公生前寫真贊並序》云：「公字良真，則前涼天錫弟（第）二十八代之云孫矣」；P.2991《講論大師毗尼藏主張和尚寫真贊並序》亦云：「和尚俗性（姓）張氏，香號靈俊，即清河郡天錫之貴系矣，福星膺胎，遂為敦煌人也。」

河州刺史，此前他已遷居敦煌，與當地的宋氏家族締結了較為密切的
關係。

　　三五九年，敦煌宋氏又討滅了試圖篡位的張瓘兄弟，宋混、宋澄
兄弟相繼執掌前凉大權，但次年復為右司馬張邕所誅。《晉書》卷八六
《張軌附張玄靚傳》云：

> 瓘兄弟強盛，負其勛力，有篡立之謀。輔國宋混與弟澄共討瓘，
> 盡夷其屬。玄靚以混為都督中外諸軍事、車騎大將軍、假節，輔政。
> 混卒，又以澄代之。玄靚右司馬張邕惡澄專擅，殺之，遂滅宋氏。玄
> 靚乃以邕為中護軍，叔父天錫為中領軍，共輔政。

　　前述宋寮為張邕所殺，說明宋混與宋配出自同一家族。早年喪父
的宋繇曾說：「門戶傾覆，負荷在繇，不衛膽自屬，何以繼承先業！」[82]
所謂「門戶傾覆」，即指敦煌宋氏在這次事變中舉族遭到殺戮的慘劇，
後來張天錫在誅討張邕時，亦宣稱：「諸宋何罪，盡誅滅之？」[83]
　　在前凉王國中，敦煌宋氏人物頗多，擔任了從中央到地方上的各
級官職。宋氏家族的命運不僅與陰氏類似，而且其家族性格特徵也極
為相若，都是前凉軍界的實力派，後來又從武力強宗逐漸轉變為儒家
世族。施光明曾對五凉時期的敦煌宋氏家族進行專門考察，簡略敘述
了宋氏人物的仕宦浮沉及其與諸凉王國的關係；他還分析了宋氏家族
具有崇尚武功與儒學兩種特徵，並對這一現象的原因作了初步探討。[84]
在前凉軍界，除了上述諸人外，至少還有以下七人：張寔時的威遠將

82　《魏書》卷五二《宋繇傳》，第 1152 頁。

83　《晉書》卷八六《張軌附張玄靚傳》，第 2249 頁。

84　施光明：《西州大姓敦煌宋氏研究》，載《魏晉南北朝史論文集》，第 166-177 頁。

軍宋毅，張駿時的中堅將軍宋輯，張重華時的大夏太守宋晏、宛戍都
尉宋矩、[85]將宋秦，[86]張玄靚時的右將軍宋熙，[87]張天錫時的宣威護軍宋
皓，[88]他們與前涼王國相始終，是敦煌宋氏作為武力強宗的真實寫照。
前涼初期的宋配，軍事才能非常突出；即使到後期，宋氏家族仍保持
著這一門風特徵，如司馬光稱宋混「性忠鯁」；[89]宋矩在《晉書》中被
列人《忠義傳》，他曾對後趙大將麻秋説：「辭父事君，當立功與義；
苟功義不立，當守名節。矩終不肯背主覆宗，偷生於世」，於是「先殺
妻子，自刎而死。」[90]這些都體現了敦煌宋氏武勇忠義的家族門風。[91]

　　但在前涼後期，部分宋氏人物則開始從武力強宗向儒家世族轉
變，如宋纖「隱居於酒泉南山。明究經緯，弟子受業三千餘人。……
纖注《論語》，及為詩頌數萬言。年八十，篤學不倦」。敦煌太守楊
宣、酒泉太守馬岌都稱嘆他「身不可見，名不可求」，「名可聞而身不
可見，德可仰而形不可睹」。張祚徵辟他為太子友、太子太傅，但宋纖
厭惡政治，竟不食而卒。[92]三六〇年，敦煌宋氏遭到滅門之誅，但到西
涼時重整門戶，得以再度崛起，這裡的一個關鍵人物是宋繇，前涼末

85　以上四人見《晉書》卷八六《張軌傳》，第 2229、2235、2241 頁。

86　《晉書》卷一〇七《石季龍載記下》，第 2781 頁。

87　徐堅等輯：《初學記》卷八《州郡部》「隴右道第六」條，上冊，第 180 頁。

88　《資治通鑑》卷一〇四，東晉孝武帝太元元年（376）條，第 3275 頁。

89　《資治通鑑》卷一〇〇，東晉穆帝升平三年（359）條，第 3175 頁。

90　《晉書》卷八九《忠義・宋矩傳》，第 2320 頁。

91　當然，敦煌宋氏家族也出現了像宋晏、宋秦、宋皓那樣的投降者。不過宋晏之降後
　　趙，實則為大夏護軍梁式叛降而被執；宋皓之勸張天錫投降前秦，是識時務，後來他
　　擔任前秦酒泉太守，西拒呂光，效忠而死。參《資治通鑑》卷九七東晉穆帝永和二
　　（346）、三年（347）、卷一〇六孝武帝太元十年（385）條，第 3072、3076、3353-
　　3354 頁。

92　《晉書》卷九四《隱逸・宋纖傳》，第 2453 頁。

年他曾「至酒泉，追師求學，閉室誦書，晝夜不倦，博通經史，諸子群言，靡不覽綜」，[93]在他身上典型地反映了敦煌宋氏在前涼後期完成了從武力強宗到儒家世族的角色轉變。

（六）前涼時期的其他敦煌大族——以索、氾、令狐氏為中心

除了以上所論張、陰、宋三氏之外，前涼時期的敦煌大族主要還有氾、索、令狐、曹等氏，以及謝、車、劉、郭氏等小姓。與張氏一樣，氾、索、令狐、曹四氏是漢代以來敦煌地區的傳統舊族。早在東漢中期，就已完成了從軍功豪族到儒家世族的身分轉變；到西晉時的「敦煌五龍」中，索氏居三，氾氏一位，可謂人才輩出，文化程度甚高。在前涼王國中，敦煌曹氏在曹祛參加張越之亂被斬殺之後，勢力大衰；而氾、索、令狐三個家族參政入仕的人物甚多，但他們與張、曹、陰、宋四氏的性格不同，既未像張、曹二氏那樣野心勃勃地去奪權，也不像武力強宗的陰、宋二氏遭到猜忌與誅戮，成為始終支持前涼王國的穩定力量。這亦表明，氾、索、令狐三氏以經學傳家，通經入仕，形成了以儒宦為根基的成熟的世家大族，深刻懂得在十六國亂世中的生存之道。

S.1889《敦煌氾氏家傳並序》後部殘缺，至前涼氾瑗止，羅列了西漢至前涼間的敦煌人物凡十二人，其中西漢一人、東漢三人、不明朝代一人，其餘七人皆屬前涼，出任前涼王國各級官吏。[94]另外，前涼時代敦煌氾氏見諸史籍的還有西晉郎中氾騰，他回到敦煌後拒不出仕於

93　《魏書》卷五二《宋繇傳》，第 1152 頁。

94　王仲犖《敦煌石室地志殘卷考釋》之《〈敦煌氾氏人物傳〉考釋》云：「《氾氏人物傳》列紀人物，凡東漢一人，其餘悉是前涼時人」，第 183 頁。此說不確。

前涼，「散家財五十萬，以施宗族」，[95]足見氾氏家族具有雄厚的經濟實力與宗族基礎；見諸墓葬的有氾心容，敦煌新店臺出土的 60M1：27 陶罐上有墨書銘文：「升平十三年（369）閏月甲子朔廿一日壬寅張弘妻氾心容盛五穀瓶。」《晉書》卷八六《張軌附張重華傳》記載張弘與後趙、前秦作戰，沒於秦軍；張天錫時氾心容卒，時代相去不遠，從墓葬為單身葬來看，兩人當為夫婦，「推測或許是張弘戰死異鄉，並未歸葬之故」。[96]張、氾二氏通婚，是敦煌當地大族之間的婚姻網絡現象。

　　雖然家傳不免有溢美之詞，但從中也可看出氾氏家族具有經學傳家、明於吏干、清正耿直等性格特點，大多出任前涼王國的各級文官，而很少出沒於軍界。首先，從學術師承來看，氾褘「事師司空索靖（靖），通三禮、三傳、三易、河洛圖書，玄明究算歷」；氾昭「弱冠從賢良同郡索襲受業」；氾緒「嘗於當郡別駕令狐富授（受）《春秋》、《尚書》」，這裡涉及敦煌本地的氾、索、令狐三氏，反映了這三個家族以儒學經術為根基的共同性格。其次，與索、令狐二氏不同的是，氾氏家族不畏強權、清正耿直的特徵尤為鮮明，如氾褘，「字休臧，敦煌人。為福祿令，剛直不事上府」，遭到酒泉太守馬漢與督郵張休祖的彈劾，左遷居延令；[97]其孫氾泳「剛鯁峻直」，「明筆直繩，好刺舉，為朝士豪貴所忌」；氾昭「為人方正，好面折直言，退不談人之非」，「在

95　《晉書》卷九四《隱逸·氾騰傳》，第 2438 頁。林寶《元和姓纂（附四校記）》卷九「氾」條（第 2 冊，第 1400 頁）敦煌望記載晉代除氾騰外，還有一位張掖太守氾彥，可能也與前涼有關。

96　敦煌文物研究所考古組：《敦煌晉墓》，載《考古》1974 年第 3 期。

97　《太平御覽》卷四二七《人事部六十九·正直下》引《前涼錄》，第 2 冊，第 1965 頁。關於此條記事，S.1889《敦煌氾氏家傳並序》記載有異，如「福祿」誤作「祿福」，「馬漢」作「馬模」，張休祖所說的「君不聞寧逢三千頭虎，不逢張休祖乎」更是換作了氾褘的「君不聞寧逢三千頭狼，不逢氾休臧」。這很可能是氾氏在編寫家傳時，為了美飾自家而作了改編。但不管何者，都能說明氾褘的剛直性格。

職清平，好理枉屈」，並被張寔選為武威從事，使「豪傑望風栗服」。[98]

索氏在前涼王國任職人數更多，至少有十五人，既有忠心進諫的文臣、勇冠三軍的武將，又有飽學經術的學者、救世經濟的人才。最典型的是在學術文化上，索氏以經學傳家，兼通內緯，湧現出諸多著名學者，如索襲「遊思於陰陽之術，著天文地理十餘篇，多所啟發」；[99]索紞「少遊京師，受業太學，博綜經籍，遂為通儒。明陰陽天文，善術數占候」。[100]他們都隱居不仕，敦煌太守陰澹欲請索襲為三老，索紞為西閣祭酒，皆遭堅辭。尤應注意的是，索綏在張駿時擔任儒林祭酒，著有《涼春秋》等；[101]索商在張天錫時為校書祭酒，[102]主掌前涼王國的儒學教育與文化典籍事業。其次，索氏家族人物常常文武雙兼，在軍事上也有出色的人才，如張重華時的軍正將軍索遐，與謝艾率軍擊破後趙軍隊，討伐鮮卑斯骨真，取得大捷；又如「索苞有文武材」，

98　見 S.1889《敦煌氾氏家傳並序》。

99　《晉書》卷九四《隱逸‧索襲傳》，第 2448-2449 頁。

100　《晉書》卷九五《藝術‧索紞傳》，第 2494 頁。在美國普林斯頓蓋斯特圖書館所藏敦煌文獻《太上玄元道德經》尾部，也出現了「建衡二年庚寅（270）五月五日敦煌郡索紞寫已」的題記。饒宗頤《吳建衡二年索紞寫本〈道德經〉殘卷考證（兼論河上公本源流）》（載《東方文化》第 2 卷第 1 號，1955 年）云：「考建衡為吳主孫皓年號，二年即晉武帝泰始六年（西元 270），時西北諸郡早已入晉版圖，紞以敦煌人而書建衡年號，疑其人於是時適居吳，或紞入太學時，所依為主人之父老，與東吳道家有深切關係」；該文「補記」又推斷索紞與「敦煌五龍」之索紾、索綰，索靖之子索綝、索綝，以及索綏是同輩人，為索靖的子侄輩。又參 Frederick Mote，「The Oldest Chinese Book at Princeton」，*The Gest Library Journal*，I-1，1986，pp.34-44。然而，池田溫《中国古代写本識語集錄》（第 72 頁）No. 16 認為該寫本疑偽，又參附圖（第 67 頁）圖 193；William Boltz，「Notes on the Authenticity of the So tan 索紞 Manuscript of the *Lao-tzu* 老子」（*Bulletin of the School of Oriental and African Studies*，University of London，vol. LIX-3，1996，pp.508-515）考證推斷，該寫本可能寫成於 735-960 年。

101　屠喬孫、項琳輯：《十六國春秋》卷七五《前涼錄六‧索綏》，載文淵閣《四庫全書》史部載記類，第 463 冊，第 931 頁。

102　《晉書》卷八六《張軌附張天錫傳》，第 2250 頁。

「每征伐克敵，勇冠三軍，時人比之關羽」，[103]以及以善射聞名的索孚。[104]再次，前涼初期太府參軍索輔勸說張軌棄布用錢，「軌納之，立制准布用錢，錢遂大行，人賴其利」，[105]而且在「張軌時，西胡致金胡瓶，皆拂菻作，奇狀，並人高，二枚」，[106]使前涼經濟與絲路貿易獲得了發展。最後，對於前涼王國，索氏的忠心還表現在對涼主的規勸進諫上，如在張駿時，理曹郎中索詢諫止東伐前趙，張駿說：「每患忠言不獻，面從背違，吾政教缺然而莫我匡者。卿盡辭規諫，深副孤之望也」，以羊酒禮之；[107]參軍索孚勸諫勿治石田，卻被出為伊吾都尉。[108]又如張重華時，索遐先後三次進諫，一為行搜狩之禮，二是舉薦謝艾，擊破後趙，三是勸主勤政；征事索振也同樣勸諫張重華勤政尚儉。[109]前涼末年，張「天錫數宴園池，政事頗廢。盪難將軍、校書祭酒索商上疏極諫」，但答而未從。[110]索氏對前涼國主不斷進諫，規勸得失，可謂竭力輔佐，忠心耿耿；然而越到後來，前涼政衰，已聽不進

---

103 《太平御覽》卷四三七《人事部七十六·勇五》引劉彥明《敦煌實錄》，第 2 冊，第 2011 頁。

104 《太平御覽》卷七四四《工藝部一·射上》引《前涼錄》，第 4 冊，第 3306 頁。

105 《晉書》卷八六《張軌傳》，第 2226 頁。

106 《太平御覽》卷七五八《器物部三·瓶》引《前涼錄》，第 4 冊，第 3365 頁。屠喬孫、項琳輯《十六國春秋》卷七〇《前涼錄一·張軌》（載文淵閣《四庫全書》史部載記類，第 463 冊，第 892 頁）作「金胡餅」，並將《晉書》、《太平御覽》兩條記事合在了一起。湯球輯《十六國春秋輯補》卷六七《前涼錄一·張軌》（第 486 頁）雖然也合記兩事，但仍從《太平御覽》作「金胡瓶」。從「並人高」來看，應以「金胡瓶」為確。關於金胡瓶及銀胡瓶的考證，參羅豐《北周李賢墓出土的中亞風格鎏金銀瓶——以巴克特里亞金屬製品為中心》，載《考古學報》2000 年第 3 期。

107 《晉書》卷八六《張軌附張駿傳》，第 2235 頁。

108 《魏書》卷九九《私署涼州牧張寔附張駿傳》，第 2194-2195 頁。

109 《晉書》卷八六《張軌附張重華傳》，第 2241-2245 頁。

110 《晉書》卷八六《張軌附張天錫傳》，第 2250 頁。

去這些忠言了，以致走向亡國。

　　令狐氏的勢力雖然比氾、索二氏稍遜，但據統計也有十一人之多。《新唐書》卷七五下《宰相世系表五下》「令狐氏」條云：

　　溥五世孫晉諫議大夫馨，馨孫亞，字就胤，前涼西海太守、安人亭侯。二子：理、綏。亞孫敏，字永昌，前涼鳴沙令。四子：達、忠、襲、越。敏五世孫虯，字惠獻，後魏敦煌郡太守、鸇陰縣子。

　　據 S.1889《敦煌氾氏家傳並序》記載，漢末令狐溥不僅與張奐友善，稱賞氾孚的學問人品，而且還給氾咸教授經緯之學；敦煌郡別駕令狐富又給氾緒教授《春秋》、《尚書》。到西晉時，令狐豐、令狐宏兄弟一度被推舉為敦煌太守。[111]孫曉林對漢至十六國敦煌令狐氏進行了系統考察，認為從漢末至西晉已成為以經學傳家的高門世族，五涼時期「令狐氏家族在政治舞臺上時隱時顯，顯時則同時數人俱顯，隱時則了無痕跡，給人以整個家族共進退之感。在隱顯之間，似乎令狐氏有選擇地與漢族政權取積極合作的態度。這背後也許是以儒學經術傳家的文化底蘊在起著某種作用」。[112]

　　前涼初年，令狐亞先任太府主簿，經常作為使者東西出使，如三〇五年張軌平定秦州之亂，「遣主簿令狐亞聘南陽王模，模甚悅，遺軌以帝所賜劍，謂軌曰：『自隴以西，征伐斷割悉以相委，如此劍矣』」，從而為張軌割據河隴爭取到了正統合法性；又如三〇八年張鎮、張越

---

111 《資治通鑑》卷七九，西晉武帝泰始八年（272）條，第2523頁；《晉書》卷三《武帝紀》，第66頁；《全晉文》卷一四六闕名《晉護羌校尉彭祈碑》，嚴可均校輯《全上古三代秦漢三國六朝文》，中華書局1958年版，第2306頁。

112 孫曉林：《漢──十六國敦煌令狐氏述略》，載《北京圖書館館刊》1996年第4期。

兄弟叛亂，張軌又「遣鎮外甥太府主簿令狐亞前喻鎮」，告誡他「全老親，存門戶，輸誠歸官」，[113]張鎮乃委罪功曹魯連而斬之，從而達到了分化張鎮兄弟與孤立張越的目的，為前涼王國的穩定又立一功。尤其是令狐、張二氏同出敦煌，兩家結為姻親，作為敦煌大族的令狐亞站在了前涼張軌一邊，既從內部分化了敦煌大族，同時又穩定了其他敦煌大族的心理。這位出色的外交人才後來升任西海太守，其孫令狐敏為鳴沙縣令，回到本地做官。張軌執政時，還有一位治中令狐瀏，曾奉命討平反叛的金城太守胡勛；[114]又曾勸說悉徙西平麴儒集團，未獲同意，後來果致復叛，[115]可見他是一位具有豐富政治與軍事經驗的官吏。在《晉書》卷九五《藝術・索紞傳》中，記載一位年屆耄耋的孝廉令狐策，為敦煌太守田豹與鄉人張公征的子女婚姻做媒，體現了他作為地方耆老的身分。[116]

總之，氾、索、令狐三氏是漢代以來傳統的儒家高門世族，有著共同的儒宦背景與家族交往，在服務地方政權時亦能獲得較為平穩的發展。這一點與陰、宋二氏等前涼新貴截然不同，後者是晉涼之際新崛起的武力強宗，一直到前涼後期才積累較高的儒家文化素養，故在政治鬥爭中的沉浮波動也比較大。

順便提一下，敦煌的其他姓氏也湧現出一些頗受矚目的人物，既有忠義節烈之士（如車濟），又有名將（如謝艾、常據）與學者（如郭瑀），還有寵臣小人（如劉肅），可謂良莠相雜。儘管這些姓氏中的個

---

113 《晉書》卷八六《張軌傳》，第2222-2224頁。

114 《太平御覽》卷九三五《鱗介部七・魚上》引崔鴻《十六國春秋・前涼錄》，第4冊，第4154頁。

115 《晉書》卷八六《張軌傳》，第2226頁。

116 《晉書》卷八七《涼武昭王李玄盛附李歆傳》（第2270頁）記載西涼末年，「敦煌父老令狐熾」託夢預言西涼將亡，也是令狐氏作為地方耆老的例證。

別人物頭角崢嶸，但其家族卻未得到全面的發展。因本文主旨是討論
敦煌大族，故對這些小姓不作多論。

（七）從安定張氏的婚姻圈看前涼王國與河隴大族的關係

　　儘管敦煌大族在河隴大族中獨樹一幟，對前涼王國的政治支持亦
極重要，但前涼國主安定張氏卻很少與敦煌大族進行聯姻，是個值得
深思的現象。下面根據史料所載，將可考知的安定張氏的婚姻關係列
作下表（表4-2）：

人名	配偶	配偶身分	郡望或里貫	出處	備註
張溫	辛氏		隴西	《太平御覽》卷一二四	張軌父母
張寔	賈氏		武威	《晉書》卷八六	
張軌女	唐熙	晉太常丞	丹陽	《新唐書》卷七四下	
張駿	嚴氏			《資治通鑑》卷九七	張重華嫡母
	馬氏	昭儀		屠、項輯《十六國春秋》卷七五	張重華生母
	劉氏	美人		《資治通鑑》卷一〇一	張天錫母
	妹好[117]	美人	鄯善	何鏜輯《十六國春秋》卷七	鄯善王元禮之女

---

117 屠喬孫、項琳輯：《十六國春秋》卷七二《前涼錄三‧張駿》則作「妹好」，載文淵
　　閣《四庫全書》史部載記類，第463冊，第905頁；《太平御覽》卷一二四《偏霸部
　　八‧前涼張駿》又作「殊好」，第1冊，第600頁。

人名	配偶	配偶身分	郡望或里貫	出處	備註
張重華	裴氏	妃		《資治通鑑》卷九九	
	郭氏	夫人		《太平御覽》卷一二四	張玄靚母
張祚	辛氏	皇后		《十六國春秋輯補》卷七二	一作叱千氏
張天錫	焦氏	左夫人		《晉書》卷八六	張大豫母
	閻氏	美人		何鏜輯《十六國春秋》卷七	
	薛氏	美人		何鏜輯《十六國春秋》卷七	
張氏女	宋澄	領軍將軍	敦煌	《還冤記》	

▲ 表 4-2

　　表 4-2 中前涼安定張氏配偶者的郡望或里貫，史載明確的僅張溫妻隴西辛氏、張寔妻武威賈氏、張駿美人鄯善妹好，以及張氏之婿丹陽唐熙、敦煌宋澄共五例；其他諸姓則難以遽斷，但顯然大多與敦煌無關。

　　張溫與隴西辛氏聯姻，自然是因為他們本來就是隴右地區的大族。前涼時期，安定張氏與隴西辛氏之間通婚較多，關係密切。「辛絨弟理，美姿貌，張駿欲奪其妻，以寡妹妻之」，也是想與隴西辛氏結親，但辛理不願棄妻另娶，割鼻自誓，張駿大怒，「徙理敦煌，遂以憂

續表

死」；[118]張祚時，「立妻辛氏為皇后」。[119]在前涼王國中，辛氏家族人物眾多，如作為西晉使節而留仕前涼的大鴻臚辛攀、敦煌太守辛憑、武興太守辛岩、廣武太守辛章、枹罕護軍辛晏，以及辛韜、辛挹、辛髦等，在地方及軍界很有勢力。[120]

　　前涼張氏與武威賈氏的婚姻，已見前述，這是隴右大族與河西大族之間的政治聯姻。賈氏自東漢賈龔徙居武威後，逐漸發展成為本地著姓，子賈詡為曹魏名臣，西晉賈胤、賈龕、賈疋等皆位至大官，是漢晉時期河西地區舉足輕重的世家大族。[121]前涼初期張軌與武威賈氏結為姻親，取得其政治支持，是穩定前涼統治的重要策略；但到張茂時誅殺賈摹，張、賈之間的姻親關係至此中斷，也加深了隴右、河西大族之間的矛盾，使前涼王國的統治基礎遭到削弱。

　　張軌在為子娶妻賈氏的同時，還嫁女給唐氏，這同樣是一種政治聯姻，只不過親家是外來大族。唐氏祖上與河西也曾有過關聯，如東漢時唐惠任武威縣長，但其四世孫唐翔為丹陽太守，從此居住在江南；西晉時唐彬出任鎮西校尉，與涼州刺史、護羌校尉張軌同仕西北，地位相當，這一婚姻自然也是出於政治上的考慮。其子唐熙，官任「太常丞，娶涼州刺史張軌女，永嘉末，遂居涼州。生輝，字子產，仕前涼陵江將軍，徙居晉昌」。[122]儘管在此前的魏初，敦煌可能就已有唐姓

---

118 《太平御覽》卷三七九《人事部二十・美丈夫上》引崔鴻《十六國春秋・前涼錄》，
　　第 2 冊，第 1751 頁。

119 《晉書》卷八六《張軌附張祚傳》，第 2246 頁。

120 杜斗城《漢唐世族隴西辛氏試探》（載《蘭州大學學報》1985 年第 1 期）對漢唐間的
　　隴西辛氏作了系統考述，但對前涼辛氏只揭出辛攀、辛憑、辛理及張祚辛皇后四人。

121 參李俊恆《魏晉南北朝時期的武威賈氏》，載《史學月刊》2008 年第 7 期。

122 《新唐書》卷七四下《宰相世系表四下》「唐氏」條，第 3202 頁。

人存在，[123]但張軌之婿唐熙卻屬於外來大族，該家族後來在晉昌冥安形成了很大的勢力，北涼段業時晉昌太守唐瑤移檄六郡，聯合敦煌大族擁戴李暠建立了西涼王國。

前涼安定張氏與敦煌大族之間的婚姻，僅見宋澄一例，此例不見於正史與《資治通鑑》，顏之推《還冤記》記載張玄靚時，張瓘（瓚）專權，宋混遣弟宋澄誅之，張瓘臨死前對宋澄說：

> 汝荷婚姻，而為反逆。皇天后土，必當照之。我自可死，當令汝劇我矣。[124]

從「汝荷婚姻」一語可知，宋澄娶了安定張氏女為妻。宋混、宋澄兄弟討滅張祚與扶立張玄靚有功，成為前涼的輔政大臣。由於這層關係，宋澄與前涼張氏締結政治聯姻自然可以理解。但三五九年右司馬張邕惡其專權，殺掉宋澄，使宋氏家族幾乎遭到滅門之災。宋繇之父宋寮就在這次事變中被誅，《魏書》卷五二《宋繇傳》載其「五歲喪母，事伯母張氏以孝聞」，傳文還記載他的妹夫張彥，可見宋繇之伯父與妹妹皆和張氏相通婚，但這裡的張氏應為敦煌大族，而非前涼安定張氏。因此從總體來看，敦煌大族雖與前涼王國關係密切，卻與前涼安定張氏極少聯姻，宋澄僅為孤例，甚至可以說是宋氏專權時的一個特

---

123 《三國志》卷一三《魏書・王朗附王肅傳》（第 420 頁）云：「魏初征士敦煌周生烈，……亦歷注經傳，頗傳於世」，儘管注文稱「臣松之案此人姓周生，名烈」，但鄧名世《古今姓氏書辯證》卷一九《十八尤（下）》「周生」條則引劉炳（昞）《敦煌實錄》云：「魏侍中周生烈，本姓唐，外養周氏」，第 274 頁。

124 顏之推《還冤記》，見《說郛三種》之《說郛一百二十卷》卷七二，第 6 冊，第 3372 頁。屠喬孫、項琳輯《十六國春秋》卷七五《前涼錄六・張瓘》（載文淵閣《四庫全書》史部載記類，第 463 冊，第 925 頁）也曾輯錄此條。

例。

從表 4-2 看，前涼安定張氏的其他婚姻對象，還有嚴、馬、劉、裴、郭、焦、闞、薛等氏，郡望或里貫不明，大多與敦煌無關。即若馬、劉、郭三氏可能出自敦煌，[125]但也並非一流大族；裴、闞、薛三氏通常被認為是河東地區的大族，前涼時遷徙到河隴者也只能算是小姓；嚴、焦二氏非大姓，故不多論。

通過以上的分析可知，前涼安定張氏雖然和隴右、河西的大族進行通婚，但以隴右辛氏居多且關係密切，這可能與張、辛同為隴右大姓有關；河西大族武威賈氏、敦煌宋氏雖有姻親，但其性質為政治聯姻，且賈摹、宋澄皆遭張氏誅戮，婚姻關係並不鞏固；而與前涼張氏通婚更多的則是其他小姓。這種狀況在中古時期大族社會的背景下，無疑是一個值得深思的現象。

（八）結語

---

125 馬氏的情況比較複雜，有學者認為出自敦煌，如馬雍《略談有關高昌史的幾件新出土文書》（載《考古》1972 年第 4 期）說：「宋、馬、索三家都是高昌的大姓，其原籍均出自敦煌」；王素《吐魯番出土〈某氏族譜〉新探》（載《敦煌研究》1993 年第 1 期）云：「宋、馬、索三姓在河西基本上都只有敦煌一個郡望。」但李鼎文在校點《續敦煌實錄》時，曾清理出 6 個非敦煌籍人，其中有「馬魴、馬岌，籍貫不詳。……整理時都刪去了」，參張澍輯《續敦煌實錄》「校點説明」，第 5 頁。也有學者稱作酒泉馬氏，如洪濤《五涼史略》，第 20 頁。在河隴地區，馬氏還有出自「中州之令族」的馬輔（《晉書》卷一二六《禿髮傉檀載記》，第 3149 頁），盧水胡人馬權（屠喬孫、項琳輯：《十六國春秋》卷九七《北涼錄四，馬權》，載文淵閣《四庫全書》史部載記類，第 463 冊，第 1085 頁）。劉、郭二氏可能出自敦煌，如前涼時的劉肅、郭瑀。但是，即使像時代稍後的劉寶、劉昞父子，也都算不上是敦煌的一流大族；至於郭氏，《晉書》卷一二六《禿髮烏孤載記》（第 3143 頁）「陰訓、郭幸，西州之德望」，「梁昶、韓疋、張昶、郭韶，中州之才令」，有來自西州、中州兩方的郭氏，如郭瑀為敦煌人，與郭幸可謂同屬「西州之德望」；而推立李暠的敦煌護軍郭謙卻是馮翊人，與郭韶一樣同為「中州之才令」。所謂「西州之德望」，「西州」是否指敦煌尚可討論，而「德望」也未必一定是大族。

　　從漢武帝開拓河西以來，敦煌作為中原王朝控轄西域、隔斷羌胡
的重鎮，又是絲綢之路中西交通的要衝，地位獨特而重要。到東漢
時，敦煌成為「華戎所交，一都會也」，[126]「東漢政府在敦煌有特殊的
建置，同時，還擴大了敦煌太守的職權」，[127]使敦煌郡成為轄理西域的
重要基地。這一情況，直到魏晉仍無改變。[128]進入前涼，三二七年首次
在西域地區設置了高昌郡，[129]隸屬於新立的沙州，[130]更加提升了敦煌的
地位，擴大了影響，成為與涼州、河州鼎足而峙的重鎮。從漢至晉，
敦煌的人口增幅在河西四郡中比例最高，到西晉時甚至連人口數字也
居於四郡之首。[131]以「敦煌五龍」為代表的學術文化水平，足以抗衡中
原，領袖全國。五涼時期，以敦煌大族為核心的河西儒學可謂獨樹一
幟。[132]武守志云：「具有自己特色的河西儒學，其運行的螺旋式圓圈是

126　《續漢書·郡國志五》「敦煌郡」條劉昭注補引《耆舊記》，收入《後漢書》，第 3521
　　頁。

127　劉光華：《論東漢敦煌在中原與西域關係中之重要地位》，載《1983 年全國敦煌學術
　　討論會文集（文史·遺書編）》，上冊，第 31 頁。

128　《晉書》卷一四《地理志上》云：「魏時復分以為涼州，刺史領戊己校尉，護西域，
　　如漢故事，至晉不改」，第 433 頁。敦煌是涼州最西部的一個郡，對西域的轄理具體
　　仍尤其實際負責。

129　徐堅等輯《初學記》卷八《州郡部》「隴右道第六」條注引《輿地志》曰：「晉咸和
　　二年（327）置高昌郡」，上冊，第 181 頁。參山口洋《高昌郡設置年代考》，載《小
　　田義久博士還歷記念東洋史論集》，第 29-50 頁。

130　《魏書》卷九九《私署涼州牧張寔附張駿傳》云：「敦煌、晉昌、高昌、西域都護、
　　戊己校尉、玉門大護軍，三郡三營為沙州，以西胡校尉楊宣為沙州刺史」，第 2195
　　頁。又參《晉書》卷一四《地理志上》，第 434 頁。

131　這只需要對比《漢書》卷二八下《地理志下》（第 1612-1614 頁）與《續漢書·郡國
　　志五》（收入《後漢書》，第 3520-3521 頁）、《晉書》卷一四《地理志上》（第 433-434
　　頁）所載河西四郡的戶口數字，即可知道。

132　參王夫之《讀通鑑論》卷一五《宋文帝》十三則，中華書局 1975 年版，中冊，第
　　429-430 頁。

圍繞著敦煌儒士旋轉的」，「敦煌儒士不僅在數量上占了絕對優勢，而且在學術成就上也居於遙遙領先的地位」。[133]敦煌大族經過漢晉的孕育，到前涼時因中原大亂而效力於本邦政權，必然與前涼王國發生重要而密切的關係。

　　無論在史傳的記載裡，或者是在今人的著述中，都可看到前涼王國中敦煌大族的影子，學者們也大多異口同聲地肯定敦煌大族的作用。然而，對於前涼王國來說，敦煌大族實際上並非鐵板一塊，而是一柄「雙刃劍」，他們中的大多數支持前涼政權，但也出現了前涼初期敦煌張、曹二氏圖謀奪取涼州最高統治權的現象。敦煌宋氏作為晉涼之際崛起的新貴，在前涼後期一度掌政，最終卻慘遭安定張氏的夷滅；武威陰氏勢力極盛，也受到張駿的誅戮打擊，之後西徙敦煌。宋、陰二氏是前涼軍界的實力派，缺乏儒宦根基，政治浮沉很大，家族起落懸殊，但在前涼後期他們逐漸從武力強宗向儒家世族轉變。家族自身發展最穩固，且給前涼王國提供最穩定支持的，則是敦煌地區漢代以來的傳統老牌大族氾、索、令狐三氏，他們以經學傳家，靠通經入仕，體現了以儒宦為根基的成熟穩定的高門世族的特徵。我們發現，前涼王國對於宗族勢力強大、文化水平極高的敦煌大族，也存在著兩方面的矛盾心理，既有團結拉攏，以獲取他們對政權的支持；卻又極少與之通婚，沒有形成中古時期極富特色的婚宦網絡，是個耐人尋味的特殊現象。這也從一個側面反映出前涼王國統治基礎中的致命弱點。因此，對於敦煌大族與前涼王國的關係，必須具體分析，而不是籠統視之。

---

133 武守志：《五涼時期的河西儒學》，載《西北史地》1987 年第 2 期。

二、敦煌大族與前秦、後涼

　　三七六年，前涼被氐族前秦所滅，包括敦煌大族在內的河西漢族民眾首次接受少數民族的統治，積澱近五個世紀的河西走廊漢文明面臨前所未有的新挑戰，這對以儒家文化為傳承根基的敦煌大族而言，無疑是個重大的考驗。本節選取氐族建立的前秦、後涼兩個王國，從敦煌大族的角度來探討河西本土民眾與外來胡族統治者之間的互相關係，力圖揭示出敦煌大族在前秦、後涼王國中或顯或隱的動向。

（一）前秦的籠絡措施與敦煌大族的擁護態度

　　前秦於三七六年滅前涼，到三八五年呂光殺涼州刺史梁熙，在河西割據建立後涼，前秦統治河西將近十年。由於統治時間短暫，加上僻處西北，學界對前秦統治河西史頗為忽略。蔣福亞《前秦史》一書中，只在第四章「苻堅統一北方」設有「滅涼」、「呂光西征」兩節，主要講述軍事戰爭，而未涉及前秦對河西的統治過程。[134]一些五涼史論著僅關注於五涼王國，而對前秦、後秦統治河西的歷史未加重視。[135]倒是佐藤智水在考察十六國敦煌歷史時，論及了前秦河西史。[136]尤為可喜

---

134 蔣福亞：《前秦史》，北京師範學院出版社 1993 年版，第 137-146、166-172 頁。

135 齊陳駿、陸慶夫、郭鋒：《五涼史略》，甘肅人民出版社 1988 年版；洪濤：《五涼史略》，中國社會科學出版社 1992 年版；趙向群：《五涼史探》，甘肅人民出版社 1996 年版。

136 〔日〕榎一雄編：《講座敦煌》第二卷《敦煌の歷史》II《五胡十六国から南北朝時代》三《前秦と後涼》（佐藤智水撰），第 57-60 頁。

的是，隨著河西各地及吐魯番墓葬前秦文書及文物的出土，[137]以及《甘肅通史·魏晉南北朝卷》、《魏晉十六國河西史稿》的出版，[138]學界對前秦統治河西的歷史給予了必要的關注，填補了學術空白，展現出良好的研究勢頭。

　　蔣福亞曾對前秦官員的民族身分作過統計，認為前秦實行氐族本位政治，漢族和其他少數民族任官者比例不高。[139]然而在河西地區，前秦涼州刺史及其轄下的諸郡太守，則是各族皆用，如：涼州刺史梁熙

---

137 鍾長發、寧篤學：《武威金沙公社出土前秦建元十二年墓表》，載《文物》1981 年第 2 期。甘肅省文物考古研究所、戴春陽、張瓏：《敦煌祁家灣——西晉十六國墓葬發掘報告》，文物出版社 1994 年版，第 114-116 頁。徐俊：《俄藏 Dx. 11414 +Dx. 02947 前秦擬古詩殘本研究——兼論背面券契文書的地域和時代》，載《敦煌吐魯番研究》第 6 卷，北京大學出版社 2002 年版。榮新江：《吐魯番新出〈前秦建元二十年籍〉研究》，載《中華文史論叢》2007 年第 4 期；《吐魯番新出前秦建元二十年籍的淵源》，載土肥義和編《敦煌·吐魯番出土漢文文書的新研究》，東洋文庫 2009 年版，第 201-212 頁。〔日〕関尾史郎《トゥルファン新出〈前秦建元廿（384）年三月高昌郡高寧県都鄉安邑里戶籍〉試論》，載《人文科學研究》第 123 輯，2008 年。乜小紅：《略論〈俄藏敦煌文獻〉中的兩件十六國買賣券》，載《中國經濟史研究》2008 年第 2 期。王素：《吐魯番新獲高昌郡文書的斷代與研究——以〈新獲吐魯番出土文獻〉為中心》，載《敦煌·吐魯番出土漢文文書的新研究》，第 13-17 頁。張榮強：《〈前秦建元籍〉與漢唐間籍帳制度的變化》，載《歷史研究》2009 年第 3 期。寇克紅：《高臺駱駝城前秦墓出土墓券考釋》，載《敦煌研究》2009 年第 4 期。
138 趙向群：《甘肅通史、魏晉南北朝卷》第三章第二節「前秦」，甘肅人民出版社 2009 年版，第 176-199 頁；賈小軍：《魏晉十六國河西史稿》第四章「十六國時期河西地區政治形勢研究」的「二、前秦、後涼時期的河西形勢」，天津古籍出版社 2009 年版，第 89-93 頁。
139 蔣福亞：《前秦史》，第 218-221 頁。

（氐族）、[140]武威太守趙整（漢族）、[141]張掖太守慕容德（鮮卑族）、[142]
晉昌太守李純（漢族）、敦煌太守姚靜（羌族），[143]未見其推行氐族本
位政策。這些人大多原為前秦官員，被派到河西擔任州郡長官。同
時，前秦也任用前涼舊僚或當地大族在河西為官，如金城趙凝（原前
涼西平太守）為金城太守，高昌楊幹為高昌太守，均為漢族大姓；至
於州郡佐官，在涼州刺史府中主要重用敦煌大族，《資治通鑑》卷一○
四東晉太武帝太元元年（376）條云：

> 以〔張〕天錫武威太守敦煌索泮為別駕，宋皓為主簿。

另外還有一些前涼舊僚，如晉興太守隴西彭和正、涼州治中從事武興
蘇膺、敦煌太守張烈等，[144]則被徵入京城長安，擔任前秦黃門侍郎、尚
書郎等官。對於河西百姓，苻堅也採取了切實的安撫措施：「以涼州新
附，復租賦一年。為父後者賜爵一級，孝悌力田爵二級，孤寡高年谷

---

140 崔鴻著，屠喬孫、項琳輯《十六国春秋》卷四二《前秦錄+・梁讞》云：「梁讞，字
　　伯言，略陽氏人也。……讞與弟熙」，載文淵閣《四庫全書》史部載記類，第 463
　　冊，第 671 頁。不過，関尾史郎「白雀」臆説──〈吐魯番出土文書〉箚記補遺》
　　（載《上智史学》第 32 號，1987 年）推測，梁熙可能是匈奴系的胡族；王素《高昌
　　史稿，統治編》第三章第二節「前秦」（文物出版社 1998 年版，第 140-146 頁）似乎
　　誤讀了関尾氏的觀點，云：「関史尾郎（當作『関尾史郎』）先生……他考證：梁熙
　　與姚萇並不僅僅是舊交。姚氏為南安羌人，梁熙很可能是安定羌人」，並將梁熙是羌
　　族視作定論。

141 崔鴻著，屠喬孫、項琳輯：《十六國春秋》卷四二《前秦錄十，趙整》，載文淵閣《四
　　庫全書》史部載記類，第 463 冊，第 679 頁。

142 《晉書》卷一二七《慕容德載記》，第 3161 頁。

143 《晉書》卷一一五《苻丕載記》，第 2943 頁。

144 《資治通鑑》卷一○四，東晉太武帝太元元年（376）條，第 3276 頁。彭和正、蘇膺
　　名前皆冠郡望，獨張烈無之，或許張烈是敦煌人，因其為本郡太守而略書郡望。

帛有差，女子百戶牛酒，大酺三日。」[145]這一優惠政策涵蓋面極廣，包括男女老少、鰥寡孤獨、孝悌力田等所有河西百姓。通過這些措施，前秦有效地籠絡了前涼舊僚、河西漢族大姓及普通百姓，從而達到安撫河西民心、建立政治統治的目的。

索泮、宋皓屬於本節討論的敦煌大族，前者在《晉書》中附列在前秦末主《苻登載記》之後，同時還提到其弟索菱：

索泮，字德林，敦煌人也。世為冠族。泮少時遊俠，及長，變節好學，有佐世才器。張天錫輔政，以泮為冠軍、記室參軍。天錫即位，拜司兵，歷位禁中錄事、執法御掾。州府肅然，郡縣改跡。遷羽林左監，有勤幹之稱。出為中壘將軍、西郡武威太守、典戎校尉。政務寬和，戎夏懷其惠，天錫甚敬之。苻堅見而嘆曰：「涼州信多君子！」既而以泮河西德望，拜別駕。

呂光既克姑臧，泮固郡不降，光攻而獲之。光曰：「孤既平西域，將赴難京師，梁熙無狀，絕孤歸路，此朝廷之罪人，卿何意阻郡固迷，自同元惡！」泮屬色責光曰：「將軍受詔討叛胡，可受詔亂涼州邪？寡君何罪，而將軍害之？泮但苦力寡，不能固守以報君父之讎，豈如逆氐彭濟望風反叛！主滅臣死，禮之常也。」乃就刑於市，神色不變。

弟菱，有俊才，仕張天錫為執法中郎、冗從右監。苻堅世至伏波將軍、典農都尉，與泮俱被害。

出身於敦煌冠族的索泮，作為河西德望，是苻堅所稱「涼州信多君子」

---

145 《晉書》卷一一三《苻堅載記上》，第2899頁。

的代表人物，前秦時出任涼州別駕，地位僅次於刺史梁熙。其弟索菱為典農都尉。苻堅曾向敦煌地區大量移民，史載「苻堅建元（365-385）之末，徙江漢之人萬餘戶於敦煌，中州之人有田疇不辟者，亦徙七千餘戶」，[146]加上河西原有的農業人口，數量不少，[147]索菱所任典農都尉之地位應頗劇要，郭鋒推測「索菱可能就是管理河西屯田的」。[148]索氏昆仲為苻堅所重用，即使在三八五年前秦亡國前夕，仍然誓死效忠於之，堅決抗拒呂光軍隊，最終以身相殉，其名得以列諸史傳。《晉書》卷一一五《苻丕載記》記載呂光回師河西：

> 敦煌太守姚靜、晉昌太守李純以郡降光。〔梁〕胤及光戰於安彌，為光所敗。武威太守彭濟執熙迎光，光殺之。建威、西郡太守索泮，奮威、督洪池已南諸軍事、酒泉太守宋皓等，並為光所殺。

索泮初任涼州別駕，後轉建威將軍、西郡太守，前揭《苻登載記附索泮傳》亦載「泮固郡不降」。與索氏兄弟一同遇害的宋皓，也出自敦煌大族。[149]前涼末，他勸說張天錫投降前秦，從安西將軍被貶為宣威護軍；前秦時出任涼州主簿，「西平郭護起兵攻秦，熙以皓為折衝將軍，討平之」，[150]穩定了前秦在河隴的統治，後來轉任奮威將軍、督洪池以

---

146 《晉書》卷八六《涼武昭王李玄盛傳》，第 2263 頁。

147 齊陳駿《河西史研究》之「河西歷代人口簡述」（齊陳駿、章一平撰）（甘肅教育出版社 1989 年版，第 46 頁）認為，前秦時河西有十四萬人。

148 齊陳駿、陸慶夫、郭鋒：《五涼史略》第三章「氐人呂光建立的後涼政權」（郭鋒撰），第 51 頁。

149 《資治通鑑》卷一〇四，東晉太武帝太元元年（376）條記作「敦煌宋皓」，第 3275 頁。關於敦煌宋氏，參施光明《西州大姓敦煌宋氏研究》，載《魏晉南北朝史論文集》，第 166-177 頁。

150 《資治通鑑》卷一〇四，東晉太武帝太元元年（376）條，第 3275-3276 頁。

南諸軍事、酒泉太守。敦煌索、宋二氏以身殉秦，固然可以說是效忠
於苻堅，但淝水戰後，前秦實際上已經瓦解，他們抵抗氐族呂光統率
的東歸軍隊，我認為更重要的，是他們效忠於涼州刺史梁熙，並借此
維護漢族在河西的統治，保衛自己的家園。索泮在斥責呂光時所說的
「寡君」、「君父」及「主滅臣死」中的「主」，就是遭呂殺害的梁熙，
而非苻堅。在索泮看來，梁熙和他之間已經形成了主臣關係。[151]

梁熙在刺涼期間，團結以敦煌大族為首的河西漢族百姓，維持了
河西走廊近十年的穩定局面。相反，呂光軍隊進入河西，在酒泉擊敗
梁胤後，「於是四山胡夷皆來款附」，[152]武威太守氐族彭濟亦執梁熙降
光，則表明河西各少數民族是擁護氐族呂光的。這種胡漢分野，或許
也從側面印證了前秦梁熙治涼是頗為倚賴漢族民眾的，所以敦煌大族
索、宋等氏才會親附於前秦。事實上，早在前涼末期，「王猛獲張天錫
將敦煌陰據及甲士五千，堅既東平六州，西擒楊纂，欲以德懷遠，且
跨威河右，至是悉送所獲還涼州」，[153]已經展露出前秦對河西軍民的寬
容與招撫姿態，自然也就容易博得敦煌大族陰據等人的擁護。

此外，前秦對敦煌名士郭瑀也極盡禮遇，徵召入京或遣生就業。
《晉書》卷九四《隱逸‧郭瑀傳》云：「郭瑀字元瑜，敦煌人也。……
及天錫滅，苻堅又以安車征瑀定禮儀，會父喪而止，太守辛章遣書生
三百人就受業焉。」郭瑀雖然不是敦煌大族，但撰有《春秋墨說》、《孝

---

151 《資治通鑑》卷一一四，東晉安帝義熙二年（406）條記載，武威孟襜曰：「昔張文
　　王始為此堂，於今百年，十有二主矣」，胡三省注：「張駿卒，私謚曰文王。張氏自
　　駿至重華、曜靈、祚、玄靚、天錫凡六主，梁熙、呂光、呂紹、呂纂、呂隆、王尚又
　　六主，通十二主」，第3591頁。孟襜把前秦、後秦涼州刺史梁熙、王尚也都稱作
　　「主」，即河西的統治者。

152 《晉書》卷一二二《呂光載記》，第3056頁。

153 《晉書》卷一一三《苻堅載記上》，第2894頁。

經錯緯》，授業弟子多達千餘人，是位頗有學術影響力的學者。前秦國主苻堅以禮徵召，太守辛章也遣生受業，可謂備盡禮儀，尊崇敦煌學者，反映前秦採取寬容開明的統治方式，贏得了敦煌乃至整個河西漢族民眾的支持。

若據上述，前秦對河西的統治頗得當地漢族民眾的人心，敦煌大族也對前秦王國持支持態度，但是，吐魯番出土《大周故游擊將軍上柱國張禮臣墓誌銘並序》則曰：

> 屬符（苻）堅肆虐，梃擾五涼。避難西奔，奄居右地。

所謂「苻堅肆虐，梃擾五涼」，可以有兩種理解：一是專指三七六年前秦動用武力擊滅前涼，並「徙豪右七千餘戶於關中，五品稅百姓金銀一萬三千斤以賞軍士」，[154]也許張禮臣的祖先恰在被徙之列，或遭到經濟上的掠奪，遂避難西奔高昌。吐魯番還出土了其祖張雄、父張懷寂的墓誌，《唐故偽高昌左衛大將軍張雄夫人永安太郡君麴氏墓誌銘並序》云：「天分翼軫之星，地列敦煌之郡。……則有尋源昆閬，倚柱涼城。駙蕚散於前庭，波瀾流於右地。因家遂久，避代不歸，故為高昌人焉」；《大周故中散大夫行茂州都督府司馬上柱國張懷寂墓誌銘並序》亦曰：「襄避霍難，西宅敦煌。余裔遷波，奄居蒲渚，遂為高昌人也」[155]可見張氏確為敦煌大族，在前秦時西遷高昌。在三方墓誌中，只有張

---

154 《晉書》卷一一三《苻堅載記上》，第 2898 頁。賈小軍《魏晉十六國河西史稿》（第91-92 頁）據此認為，前秦「治涼的主要落腳點，在於打擊河西著姓勢力」，「對河西經濟赤裸裸的掠奪」，對前秦統治河西持批判態度。

155 這三方墓誌的圖版及錄文，分別見侯燦、吳美琳《吐魯番出土磚志集注》，下冊，第610-612、585-587、595-597 頁。

禮臣墓誌銘説到了「苻堅肆虐，槤擾五涼」的話，而其祖、父墓誌銘
中均未提及，這些墓誌均撰於唐代，距離前秦統治河西已有三百多
年，其追述祖先往事是否確切，尚有待證實。第二種理解，是指前秦
在統治河西的整個十年間實施了暴虐統治。西涼末，主簿氾稱上疏
云：

> 梁熙既為涼州，藉秦氏兵亂，規有全涼之地，外不撫百姓，內多
> 聚斂，建元十九年（383）姑臧南門崩，隕石於閒豫堂，二十年而呂光
> 東反（返），子敗於前，身戮於後。[156]

氾稱所言雖屬隔朝追述，但距離前秦梁熙刺涼才三四十年，可信度較
高。從前秦攻克姑臧後對河西官民徵收一萬三千斤金銀來看，氾稱所
論梁熙「內多聚斂」一語應該屬實，這其實是前秦推行剝削較重的經
濟政策所致。蔣福亞、賈小軍均據此對梁熙持批判態度，[157]但司馬光對
梁熙治涼褒贊有加，云：

> 梁熙清儉愛民，河右安之。[158]

王素也指出，梁熙在刺涼期間主要做了三件事：(1) 克己安民；(2) 重用
土著；(3) 招撫西域。[159]雖然梁熙執行了前秦的經濟剝削政策，但對河
西的整體統治而言，則可以說是相當成功的，在政治上對前涼舊僚與

---

156 《晉書》卷八七《涼武昭王李玄盛附李士業傳》，第 2269 頁。
157 蔣福亞：《前秦史》，第 257 頁；賈小軍：《魏晉十六國河西史稿》，第 91-93 頁。
158 《資治通鑑》卷一〇四，東晉太武帝太元元年（376）條，第 3276 頁。
159 王素：《高昌史稿‧統治編》，第 145 頁。

河西大族加以籠絡，任用敦煌大族索泮、宋皓及金城大族趙凝等為官，維持了河西地區的政治穩定，同時也實踐了苻堅「以德懷遠」的德治主義。[160]至於張禮臣的祖先西奔高昌，或許因為前秦擊滅前涼而西徙高昌。

（二）後涼的氐族本位暴政與敦煌大族的反呂態度

三八三年苻堅在淝水戰敗，導致前秦王國迅速走向瓦解，兩年後河西被出征西域的氐族呂光所占，割據自立，建立了後涼王國。關於後涼施行極端的氐族本位政策及其暴政，從古到今的所有歷史著作都眾口一詞地予以抨擊，[161]此不贅論。這裡主要從敦煌大族的角度出發，考察以其為代表的河西漢族民眾與氐族後涼王國之間的關係。

後藤勝將後涼官僚分為漢人名族、胡族大姓兩類，前者以楊氏為首，另有杜、王、尹、宋、索諸氏；後者主要是盧水胡沮渠氏，兼梁、金、史氏等「四夷之豪俊」。[162]其中，宋、索二氏為敦煌大族。《魏書》卷五二《宋繇傳》云：

---

160 谷川道雄《隋唐帝国形成史論》第 I 編第 3 章「五胡十六国史上における苻堅の位置」之四「統一事業と德治主義」（筑摩書房 1971 年版，第 112-115 頁）談到了前秦滅前涼、呂光西征時，苻堅施行「以德懷遠」的統治原則對梁熙治涼應當有指導性的影響。

161 《晉書》卷一二二《呂光呂纂呂隆載記》「史臣曰」，第 3072 頁；齊陳駿、陸慶夫、郭鋒《五涼史略》第三章「氐人呂光建立的後涼政權」（郭鋒撰），第 60-66 頁。

162 〔日〕後藤勝：《河西王国の性格について》，載《歷史教育》第 15 卷第 9、10 合併號，一九六七年。然他說楊氏出身於天水郡的漢族，不知所據為何？《晉書》卷一二二《呂光載記》載其部將有「弘農楊穎」，第 3054 頁；《資治通鑑》卷一〇九，東晉安帝隆安元年（397）條云：「〔楊〕軌，略陽氐也」，第 3457 頁。這些後涼王國中的楊氏官員，並非天水漢族。又，胡族也不僅限於後藤氏所列者，另有鮮卑族慕容、乞伏氏，羌族姚、彭氏，粟特康、史氏，盧水胡沮渠氏，田胡王氏，即序胡安氏（以上見《晉書》卷一二二《呂光呂纂呂隆載記》，第 3054-3070 頁），以及氐族彭氏（見同書卷一一五《苻登載記苻索泮傳》，第 2954 頁）。

宋繇，字體業，敦煌人也。……呂光時，舉秀才，除郎中。後奔段業，業拜繇中散、常侍。

後涼實行察舉制度，宋繇被舉為秀才，官拜郎中，但他後來不滿於呂光的統治，西向投奔北涼段業。他與前揭被呂光殺害的敦煌宋皓有何親屬關係，尚不得而知，但應出自同一家族無疑。四○三年後秦滅後涼，新任涼州刺史王尚辟任河隴士人為佐官，如「涼州別駕宗敞、治中張穆、主簿邊憲、胡威等」，[163]其中張穆出自敦煌大族，[164]他很可能是後涼舊僚，之後歷仕於後秦、南涼、北涼。後藤勝所言索氏，沒有說明具體人物，或許是指索嗣。[165]屠喬孫、項琳輯《十六國春秋》卷八四《後涼錄四．宗爕》云：「宗爕，敦煌人，仕〔呂〕纂為騎都尉、尚書僕射」，但據《魏書》卷五二《宗欽傳》記載：「宗欽，字景若，金城人也。父爕，字文友，呂光太常卿」，同卷《胡叟傳》還提到「金城宗舒」，可見宗為金城著姓，屠、項二氏把金城宗爕的籍貫誤記為敦煌，顯然不確。屠、項輯本還提到後涼國主呂紹之妻：

張氏，敦煌人，本隱王紹之美人也。[166]

《晉書》卷九六《列女．呂纂妻楊氏傳》後附有張氏小傳，然未言籍貫，不知屠本何據？張氏是否出自敦煌大族，有待其他史料證實。郭

163　《晉書》卷一一七《姚興載記上》，第 2987 頁。

164　《晉書》卷一二九《沮渠蒙遜載記》云：「以敦煌張穆博通經史，才藻清贍，擢拜中書侍郎」，第 3195 頁。

165　索嗣在段業北涼王國中官任右衛將軍，段業曾仕於後涼，索嗣當亦如之。

166　崔鴻著，屠喬孫、項琳輯：《十六國春秋》卷八四《後涼錄四，紹美人張氏》，載文淵閣《四庫全書》史部載記類，第 463 冊，第 996 頁。

鋒指出，後涼河西諸郡太守多由西征將領擔任，「中央機構，則間用河西士人」，並舉出中書令、尚書左僕射王詳，尚書沮渠羅仇、段業，侍中房晷，中書侍郎楊穎，散騎常侍、太常令郭黁等人。[167]臨松沮渠羅仇、西平郭黁是河西人，但段業、楊穎皆隨呂光西征而來，分別望稱京兆、弘農，王詳、房晷則不詳所出，根本沒有提到敦煌人。總的看來，敦煌大族在後涼王國中任官者極少，這正如李聚寶所説：「敦煌豪族對呂氏後涼政權的態度遠不及對待前涼那樣熱情和忠心」，[168]這應該跟後涼實行極端的氐族本位政策有關。

終呂光之世，敦煌大族一直積極地參與造反，試圖推翻後涼王國的統治。這樣的起義主要有兩次，都是先在河西東部地區發起，西邊的敦煌大族起而響應。

第一次發生在三八六至三六七年，原前涼世子張大豫在王穆的幫助下密謀復辟，得到了河西漢族焦松、鮮卑族禿髮思復鞬的支持，攻陷昌松郡，進逼姑臧。《晉書》卷一二二《呂光載記》云：

王穆諫曰：「呂光糧豐城固，甲兵精銳，逼之非利。不如席捲嶺西，厲兵積粟，東向而爭，不及期年，可以平也。」大豫不從，乃遣穆求救於嶺西諸郡，建康太守李隅、祁連都尉嚴純及閻襲起兵應之。

---

167 齊陳駿、陸慶夫、郭鋒：《五涼史略》第三章「氐人呂光建立的後涼政權」（郭鋒撰），第 61 頁。

168 李聚寶：《十六國時期敦煌的政治狀況》，載《蘭州學刊》1987 年第 3 期。孫曉林《漢——十六國敦煌令狐氏述略》（載《北京圖書館館刊》1996 年第 4 期）對敦煌令狐氏與對五涼王國的關係做過分析，指出：「令狐氏家族在政治舞臺上時隱時顯……在隱顯之間，似乎令狐氏有選擇地與漢族政權取積極合作的態度」，而在氐族後涼王國中則未見令狐氏的蹤跡。

「嶺西」指刪丹嶺以西的河西走廊西部地區，[169]王穆提出在那裡建立根據地，練兵積糧，積聚實力，然後東向與後涼相爭。呂光聞聽此計，說：「大豫若用王穆之言，恐未可平也」，[170]這說明河西西部的漢族民眾是反對氐族後涼的，建康太守李隰、祁連都尉嚴純等人紛紛起兵響應，「有眾三萬」。[171]值得注意的是，王穆還親至酒泉，西向聯絡敦煌大族索嘏、名士郭瑀，獲得了他們的支持。《晉書》卷九四《隱逸‧郭瑀傳》云：

> 及苻氏之末，略陽王穆起兵酒泉，以應張大豫，遣使招瑀。瑀嘆曰：「臨河救溺，不卜命之短長；脈病三年，不豫絕其餐饋。魯連在趙，義不結舌，況人將左衽而不救之！」乃與敦煌索嘏起兵五千，運粟三萬石，東應王穆。穆以瑀為太府左長史、軍師將軍。

此時，前秦苻丕在晉陽稱帝，故傳稱「苻氏之末」，但在河西則已進入後涼時代。郭瑀作為一名學者，在前涼、前秦時不應朝廷征辟，隱居於祁連山中聚徒授學，但到後涼初卻毅然投身於起義洪流，目的就是他所說的救人於「左衽」，反映了河西漢人反抗氐族後涼、維護漢族利益的決心。郭瑀雖有上千弟子，但畢竟沒有軍事資本，所以又聯合了本地有實力的大族索嘏，很快募得一支五千人的部隊和三萬石糧草，響應張大豫、王穆的起兵。李聚寶認為：「這是苻秦統治敦煌末期，敦

---

169 《資治通鑑》卷一一一，東晉安帝隆安四年（400）條胡三省注：「自姑臧西北出張掖，其間有大嶺，度嶺而西，西郡當其要」；卷一一二，東晉安帝隆安五年條胡注：「姑臧南有洪池嶺，西有丹嶺，一作『刪丹嶺』」，第3511、3518頁。可知嶺西即指刪丹嶺以西。

170 《晉書》卷一二二《呂光載記》，第3057頁。

171 《資治通鑑》卷一〇六，東晉太武帝太元十一年（386）條，第3360頁。

煌政治生活上的一件大事。這一歷史事件充分說明，敦煌豪族大姓與
前涼政權有著生死依存的深厚關係，他們信不過前秦這個少數民族建
立的政權，因而試圖花很大的代價恢復前涼的統治，但是沒有成
功。」[172]當時河西已為呂光所統治，應該說敦煌大族信不過氐族後涼，
響應前涼後裔張大豫的起兵，試圖在河西走廊重建漢人的統治。可惜
張大豫沒有採納王穆席捲嶺西的策略，而與呂光激戰於姑臧，戰敗後
在逃跑途中被執送姑臧斬首；而王穆則西奔投靠建康太守李隰，稍後
「穆襲據酒泉，自稱大將軍、涼州牧」，[173]也建立了割據政權。

　　三八七年，後涼內部叛亂四起，西平太守康寧、張掖太守彭晃舉
兵謀叛，「晃東結康寧，西通王穆」，[174]但被呂光揮師平定。王穆是隴
右略陽人，他得到敦煌大族索嘏等人的支持，才得以在河西西部立
足。然而他又猜忌索嘏，導致內部分裂，自相殘殺。《晉書》卷一二二
《呂光載記》云：

　　　　王穆以其黨索嘏為敦煌太守，既而忌其威名，率眾攻嘏。光聞
之，謂諸將曰：「二虜相攻，此成擒也。」

卷九四《隱逸‧郭瑀傳》亦載，「穆惑於讒間，西伐索嘏」，郭瑀諫而
不聽，遂出走南山，飲氣而卒；而呂光則坐收漁翁之利，「率步騎二萬
攻酒泉，克之，進次涼興。穆引師東還，路中眾散，穆單騎奔辭馬，
辭馬令郭文斬首送之」。[175]涼興是敦煌郡東部的屬縣，後涼軍隊未能攻

172　李聚寶：《十六國時期敦煌的政治狀況》，載《蘭州學刊》1987 年第 3 期。
173　《資治通鑑》卷一○七，東晉太武帝太元十二年（387）條，第 3379 頁。
174　《晉書》卷一二二《呂光載記》，第 3058 頁。
175　《晉書》卷一二二《呂光載記》，第 3059 頁。

入敦煌，顯示了以索嘏為首的敦煌大族的實力；而失去了敦煌大族的
支持，王穆是難以在河西西部站穩腳跟的。

第二次發生在三九七年，後涼散騎常侍、太常西平郭黁起兵造
反。他通曉陰陽、天文，民間稱之為「聖人」。[176]郭黁先與左僕射王詳
擁立田胡王乞基為主，後又推舉將軍楊軌為盟主，但都被呂纂擊敗，
逃奔西秦。郭黁與敦煌大族的關係頗為密切，《晉書》卷八七《涼武昭
王李玄盛傳》云：

　　嘗與呂光太史令郭黁及其同母弟宋繇同宿，黁起謂繇曰：「君當位
極人臣，李君有國土之分，家有騧草馬生白額駒，此其時也。」

郭黁與敦煌大族宋繇及其同母異父兄李暠(字玄盛)有同宿之雅，關係頗
為親密。他建議李暠兄弟等待時機，反叛後涼，獨立建國。雖然「國
土之分」一語未必可信，但三人的談話已反映出他們對呂光統治的不
滿，河西東西部的漢族大姓聯合密謀，企圖推翻氐族後涼的統治。當
郭黁起兵反呂之時，自然會聯絡宋繇、李暠，獲取敦煌大族的支持，
對呂光形成東西夾攻之勢。《資治通鑑》卷一〇九東晉安帝隆安元年
（397）條云：

　　涼人張捷、宋生等招集戎、夏三千人，反於休屠城，與黁共推涼
後將軍楊軌為盟主。

前揭《李玄盛傳》又記：「郭黁之寇武威，武威、張掖已東人西奔敦

---

176 《晉書》卷九五《藝術·郭黁傳》，第2498頁。

煌、晉昌者數千戶」，頗疑郭黁兵敗以後，張捷、宋生召集的三千軍隊裏挾民眾西奔敦煌、晉昌，張、宋二人很可能是敦煌大族。

（三）結語

從三七六年前秦滅前涼，到四〇三年後秦滅後涼，這一時期河西地區先後為前秦、後涼所統治。儘管這兩個政權均為氐族所建，但採取的措施卻大不相同，導致以敦煌大族為代表的河西民眾也表現出了截然不同的政治態度。

前秦的統治重心在中原，對河西除了在經濟上加重剝削外，在政治上則採取了較為開明的政策，沒有把氐族本位政治施加於河西走廊，而是任用氐、羌、鮮卑、漢等各族官員，尤其是曾為前涼舊僚的敦煌大姓，共同統治河西，並且禮待敦煌士人，藉以收攏人心。這種籠絡措施發揮了有效的作用，使大多敦煌大族對前秦王國持支持態度，敦煌索泮兄弟及宋皓甚至以身殉秦。

相反，後涼儘管立國河西，卻施行了極端的氐族本位政策。不僅殺害了敦煌大族索泮兄弟、宋皓，[177]以及涼州名士姚皓、尹景等十餘人，而且還誅戮漢人功臣杜進等人，連京兆段業也起兵自立，叛離後涼。從呂光初期的王穆起義，到末年的郭黁造反，以索嘏、宋繇為代表的敦煌大族自始至終都在反抗氐族後涼的統治。敦煌名士郭瑀以救人於左衽為己任，真實地反映了河西漢族民眾反對後涼氐族的本位暴政。

---

177 佐藤智水指出，敦煌索、宋二氏認為前秦與後涼有著本質上的不同，後者對涼州豪族持排斥態度。參榎一雄編《講座敦煌》第二卷《敦煌の歷史》II《五胡十六国から南北朝時代》三《前秦と後涼》（佐藤智水撰），第60頁。

三、敦煌大族與西涼王國

　　西涼王國（400-421 年）最初是由漢族李暠（字玄盛）在敦煌建立的政權，無論從地域或是民族的角度來說，敦煌大族與西涼王國的關係最為緊密，學者們也都無一例外地談到了兩者之間的密切關係，但大多只停留在這一層面，最多是考述一下李暠出自隴西李氏的身分，而忽略對李暠與敦煌大族的另面關係的考察，尤其是李暠在四〇五年遷都酒泉，其政治中心長期遠離敦煌。本節通過對舊史料的挖掘考析，希望從中探索敦煌大族與西涼王國之間既聯合又疏離的微妙關係及其原因。

（一）對西涼初政府班子名單的分析

　　四〇〇年，李暠被推戴為大都督、大將軍、涼公、秦涼二州牧、護羌校尉，建年庚子，定都敦煌，史稱「西涼」。建國之初，李暠任命內外官職，《晉書》卷八七《涼武昭王李玄盛傳》開列了一份政府班子的名單：

　　以唐瑤為征東將軍，郭謙為軍咨祭酒，索仙為左長史，張邈為右長史，尹建興為左司馬，張體順為右司馬，張條為牧府左長史，令狐溢為右長史，張林[178]為太府主簿，宋繇、張謨為從事中郎，繇加折衝將軍，謨加揚武將軍，索承明為牧府右司馬，令狐遷為武衛將軍、晉興

178　屠喬孫、項琳輯：《十六國春秋》卷九一《西涼錄一、李暠》作「張琳」，載文淵閣《四庫全書》史部載記類，第 463 冊，第 1043 頁。

太守，氾德瑜為寧遠將軍、西郡太守，張靖為折衝將軍、湟河太守，[179] 索訓為威遠將軍、西平太守，趙開為駙馬護軍、大夏太守，索慈為廣武太守，陰亮為西安太守，令狐赫為武威太守，索術為武興太守，以招懷東夏。

學者們往往注意到，這份名單中的官員大多出自敦煌大族，這是一個極為顯著的特徵。陸慶夫云：「這份名單雄辯地告訴我們，西涼政權的大小官職，基本上被敦煌的豪門望族所把持著。從西涼政權建立的前後，我們清楚地看到這一政權與敦煌大族之間的利害關係。可以說，如果沒有敦煌大族的支持，西涼政權就不可能如此迅速地建立；西涼政權的建立，又使敦煌大族在政治權力和經濟利益上，有了可靠保證，得到進一步滿足。李暠正是敦煌大族政治、經濟利益的總代表。」[180] 李暠建國西涼得到敦煌漢族大姓的支持，是毋庸置疑的，但若僅此而論，則顯得較為籠統，缺乏對敦煌大族與西涼王國政權性質的具體分析。後藤勝據此列舉了敦煌索、張、氾、宋、令狐、陰氏，張掖尹氏，晉昌唐氏，馮翊郭氏等九姓、二十一人，並稱除後三氏各一人外，其他十八人均為敦煌名族。[181] 佐藤智水從其他史籍中，進一步增列了建康太守索暉、酒泉太守張顯、武威太守陰訓、姑臧令陰華、主

179 原作「河湟太守」，據《晉書》卷八七《涼武昭王李玄盛傳》（第2272頁）「校勘記」〔二〕，吳仕鑑《晉書斠注》已經指出前涼張駿時有湟河郡；《晉書》卷一二六《禿髮傉檀載記》、卷一二九《沮渠蒙遜載記》及《資治通鑑》卷一一七也有多處記載湟河太守。

180 齊陳駿、陸慶夫、郭鋒：《五涼史略》第四章「漢人李暠建立的西涼政權」的「二、敦煌大族與西涼政權」（陸慶夫撰），第74-78頁。

181 〔日〕後藤勝：《河西王國の性格について》，載《歷史教育》第15卷第9、10合併號，一九六七年。然在其所列諸姓中，漏列了趙，張只有六人卻寫成了七，氾只有一人卻寫成了二，令狐有三人卻寫成了二。

簿梁中庸及儒林祭酒、從事中郎劉昞等六人，其中索、張為敦煌大姓，劉昞是敦煌的次等士族[182]，陰、梁則分別望出武威、安定，流寓到了敦煌，其結論為：「可以說，李暠的西涼政權是由涼州西部（尤其是敦煌周邊）的漢人豪族構成的。」[183]李軍對西涼大姓作過專門研究，亦指出「西涼政權可以說是河西大姓，尤其是敦煌大姓的產兒」。[184]佐藤、李二氏主要注意到河西尤其是敦煌大族的作用，而對西涼王國中的隴右大族有所忽略。齊陳駿除了敦煌大族外，還提到了李、梁、尹、辛等隴右大姓及晉昌唐氏；[185]趙向群亦云：「西涼政權中，凡重要職務幾乎都由河隴著姓人物擔任。其中除李暠、尹建新（應作『興』）等隴右名門外，其餘權貴人物多是敦煌著姓」，[186]他們雖然也強調了敦煌大族的作用，但對隴右大族予以關注，相對比較客觀。

　　二〇〇九年，賈小軍在《魏晉十六國河西史稿》中，從門閥政治的角度對這份名單中的西涼著姓作了如下論述：

　　　　翻檢李暠、李歆父子本傳，在西涼歷史上起過實際作用的僅宋繇、張體順、張顯、氾稱等寥寥數人。而李暠所封的二十一人僅有宋繇、張體順二人，宋繇為李暠異父同母兄弟、李暠臨死之時的託孤之臣，但他於國將破、家將亡的關鍵時刻也不能阻止李歆的魯莽行事，

---

182 《魏書》卷五二《劉昞傳》云：「劉昞，字延明，敦煌人也。父寶，字子玉，以儒學稱」，第 1160 頁。劉昞之父只是一名學者，他娶了並非大族的敦煌郭瑀之女為妻，《晉書》卷八六《張軌附張天錫傳》記載「安定梁景、敦煌劉肅並以門胄」，第 2251 頁。可見敦煌劉氏是本地的次等士族。

183 〔日〕榎一雄編：《講座敦煌》第二卷《敦煌の歷史》II《五胡十六国から南北朝時代》（佐藤智水撰），第 71-73 頁。

184 李軍：《西涼大姓略考》，載《蘭州大學學報》1983 年第 3 期。

185 齊陳駿：《河西史研究》之《李暠與西涼政權》，第 151 頁。

186 趙向群：《甘肅通史，魏晉南北朝卷》，第 289 頁。

並沒有真正實踐李暠臨死之時「吾終之後，世子猶卿子也，善相輔導，述吾平生，勿令居人之上，專驕自任。軍國之宜，委之於卿，無使籌略乖衷，失成敗之要」的囑託。張體順為李暠所封右司馬，曾「切諫」李歆不要東伐。張顯、氾稱則為李歆時期的諫臣，所上中肯的建議也未被採納。由上可知，西涼雖然也用著姓豪才俊門裝飾門面，但並沒有在政權建設上真正下功夫，因此形成一種既似門閥政治、又非門閥政治，既依賴河西著姓、又不能限制皇權的政治形態。[187]

賈氏沒有涉人上述名單中二十一人的籍貫之辨，而是分析他們在西涼王國中是否真正起到過實際的作用，角度雖然別開生面，可惜只據現存史籍的記載，認為僅有宋繇、張體順、張顯、氾稱等人起過實際作用，而其他絕大多數官員只是被西涼王國用來裝飾門面，沒有真正建設政權，卻屬偏頗之論。我們很難想像張條為牧府左長史、令狐溢為右長史、索慈為廣武太守、陰亮為西安太守是毫無作為的，史籍中對這些官員的事蹟未作過多的記載，不等於沒有參與政權建設，也絕對不可能只被用來裝飾門面。

對於這份名單，首先應該注意的是兩位領銜謀佐唐瑤、郭謙均非敦煌人。這一點為學者們多所忽視。《新唐書》卷七四下《宰相世系表四下》「唐氏」條記載，唐瑤祖居丹楊郡：

宣生晉鎮西校尉、上庸襄侯彬，字儒宗。二子：熙、極。熙，太常丞，娶涼州刺史張軌女。永嘉（307-313）末，遂居涼州。生輝，字子產，仕前涼陵江將軍，徙居晉昌。七子：伯廉、威、季賢、幼賢、

---

187 賈小軍：《魏晉十六國河西史稿》，第 107-108 頁。

孝、達、季禮。咸為永世令，生弘。三子：瑤、偕、咨，號「三祖」。

　　西晉時，唐彬因為出任鎮西校尉，從江南來到西北，並與涼州刺史、護羌校尉張軌聯姻，長子唐熙娶張軌之女為妻。永嘉之亂，西晉喪亡，唐熙遂在涼州定居下來。其子唐輝出任前涼陵江將軍，西徙晉昌。《魏書》卷四三《唐和傳》載其為「晉昌冥安人也」，可知唐輝西徙晉昌郡具體是居住在冥安縣。該縣原屬敦煌郡，「元康五年（295），惠帝分敦煌郡之宜禾、伊吾、冥安、深泉、廣至等五縣，分酒泉之沙頭縣，又別立會稽、新鄉，凡八縣為晉昌郡」。[188]段業北涼時，唐瑤以本郡人擔任晉昌太守，足見其家族勢力極大。「庚子元年（400）十一月，晉昌太守唐瑤移檄六郡，推暠為大將軍、涼公，領秦涼二州牧。」[189]由此可知，敦煌太守李暠能夠擺脫段業的統治，自立西涼王國，得到了從江南移居晉昌的唐氏後裔的大力支持。
　　至於另一位重要人物郭謙，《晉書》卷八七《涼武昭王李玄盛傳》記載，北涼段業以敦煌太守趙郡孟敏為沙州刺史：

　　敏尋卒，敦煌護軍馮翊郭謙、沙州治中索仙等以玄盛溫毅有惠政，推為寧朔將軍、敦煌太守。

郭謙望稱馮翊，或許與呂光西征部將「馮翊郭抱」有親屬關係。[190]當時，敦煌護軍郭謙和沙州刺史孟敏的故國舊土已分別在後秦、後燕的

188　《晉書》卷一四《地理志上》，第434頁。

189　《太平御覽》卷一二四《偏霸部八・西涼李暠》引崔鴻《十六國春秋・西涼錄》，第1冊，第602頁。

190　《晉書》卷一一二《呂光載記》，第3054頁。

統治之下。在後涼與段業北涼時期，他倆分掌敦煌軍政大權。孟敏刺沙時，李暠為效谷令，兩人關係亦頗堪注意，敦煌文獻 P.2005《唐沙州都督府圖經卷第三》兩處提到孟敏，分別見「孟授渠」、「孟廟」條，史料出自《十六國春秋・西涼錄》。李正宇認為，圖經中的《西涼錄》或為《後涼錄》或《北涼錄》之誤書，[191] 然若考慮孟敏對李暠可能有過提攜，他去世以後得到祭祀和紀念，則出自《西涼錄》亦屬可能。孟敏卒後，郭謙成了敦煌地區的最高長官，是個極有權勢的實力派人物。他和沙州治中敦煌索仙聯合推舉效谷令李暠為敦煌太守，是李暠得以統治敦煌的重要一環。郭謙等人之所以推出隴西李暠，一方面是繼續延用漢代以來外籍人擔任地方長官的傳統，李暠來自隴西，這一點對於原籍關中的郭謙與段業來說，或許更是個值得考慮的因素；另一方面，尤為重要的是李暠之母再嫁敦煌宋氏，遂與敦煌大族有著一層特殊的親緣關係，這是他被郭謙與索仙所共同接受的原因。

　　晉昌唐瑤、馮翊郭謙都是從外地流寓到河西西部的人士或其後裔，支持同樣來自外地但又與敦煌大族有著密切關聯的李暠上臺，這是十分關鍵的，同時李暠也是最合適的人選。正因為唐、郭二人是推戴李暠的核心力量，在西涼立國後的政府班子中，他倆理所當然地位居首座。

　　在這份名單中，除了唐瑤、郭謙外，尹建興也不是敦煌人，應當出自天水，[192] 其他十八位官員都被看作是清一色的敦煌人，分別出自

191　李正宇：《古本敦煌鄉土志八種箋證》，第 70-71 頁注（40）、第 110 頁注（146）。

192　前揭後藤勝文提到「張掖尹氏」，然不知何據；趙向群認為尹氏是天水著姓，可從，但他又說尹建興是李暠妻尹氏的胞兄，亦未知何據。分參後藤勝《河西王国性格について》，載《歷史教育》第 15 卷第 9、10 合併號，1967 年；趙向群《五涼史探》，第 150 頁。

索、張、令狐、宋、氾、陰等敦煌大族，而趙開亦應為敦煌人。[193]

　　其次，我們發現西涼政府的這份名單並不完整，它主要記錄了最核心層的中央官和部分地方官，後者只有晉興、西郡、湟河、西平、大夏、廣武、西安、武威、武興等九個郡的太守及駙馬護軍，這些地方均在河西走廊的東部與河湟流域，當時處於後涼呂纂、南涼禿髮利鹿孤的統治之下，而非西涼的實際統治區域。李暠任命這些地方官員，目的是為了「招懷東夏」。需加注意，這份名單中沒有羅列西涼實際控制區內的各郡，如敦煌、涼興、晉昌三郡，甚至亦無地理較近但在北涼段業治下的酒泉、建康、張掖等郡，因而是極不完整的。學者們對此點常缺乏關注，利用這份殘缺的名單去論述敦煌大族與西涼王國的關係，容易失之偏頗。[194]

（二）李暠的身分：隴右與敦煌大族的合流

　　儘管李暠得到了敦煌大族的支持，並與敦煌宋氏關係尤密，但他本身出自隴西李氏，「世為西州著姓。高祖雍，曾祖柔，仕晉並歷顯

193　齊陳駿、陸慶夫、郭鋒：《五涼史略》第四章「漢人李暠建立的西涼政權」（陸慶夫撰）第 77 頁就把趙開當作敦煌大姓，而李軍《西涼大姓略考》（載《蘭州大學學報》1983 年第 3 期）認為趙開為天水大姓，趙向群《五涼史探》（第 150 頁）則稱「趙開，其郡望不明，疑與北涼趙柔同宗，為金城著姓」。按，五涼敦煌趙氏，敦煌文獻 S.113《西涼建初十二年（416）正月敦煌郡敦煌縣西宕鄉高昌里籍》中有三位，且所有人都居住在趙羽塢中；陳垣《跋西涼戶籍殘卷》（載《北京師範大學學報》1963 年第 2 期）指出《新唐書‧宰相世系表七十三下》有敦煌趙氏，並且提到了趙開。《魏書》卷一〇七上《律歷志上》記載「高宗踐祚，乃用敦煌趙䢼《甲寅》之歷」，第 2660 頁。60TAM326：20《麴氏高昌國延昌廿六年（586）將孟雍妻趙氏墓表》提到「趙氏原出敦煌」，載侯燦、吳美琳《吐魯番出土磚志集注》，上冊，第 166-167 頁。又可參山口正晃《敦煌研究院藏〈北魏敦煌鎮軍官籍簿〉（敦研 068 號）について》，載《敦煌寫本研究年報》創刊號，日本京都大學人文科學研究所西陲發現中國中世寫本研究班，2007 年。故此，西涼趙開極可能為敦煌人。

194　例如，李軍《西涼大姓略考》（載《蘭州大學學報》1983 年第 3 期）說：「這個官僚名單卻最完整地反映了西涼政權的構成情況」，是不確切的。

位，雍至東莞太守，柔至相國從事中郎、北地太守。祖弈，仕前涼張
軌為武衛將軍、天水太守，封安世亭侯。父昶，字中堅，幼有令譽，
為世子侍講，年十八卒。暠，昶之遺腹子也」，[195]可知李暠祖上多在隴
右地區擔任郡守之職，父親李昶為前涼世子侍講，則已生活在河西東
部的前涼國都武威。李暠被推舉為敦煌太守後，自敘「因官至此，不
圖此郡士人忽爾見推」，可見他在心理上一直把自己當作一個從隴右流
寓到敦煌的外地人，因為做官才西來敦煌。面對北涼段業派來要替任
敦煌太守的敦煌索嗣，李暠假裝出迎的姿態，被效谷令敦煌張邈及宋
繇勸止後，才説出「向言出迎者，未知士大夫之意故也」的話，[196]反映
了李暠在當時並不完全信任敦煌大族，所以做出了這種試探的姿態。

　　從李暠的婚姻圈來看，「前妻，同郡辛納女」，後娶「尹氏，天水
冀人也」，[197]隴西辛氏、天水尹氏皆為隴右大族。與同郡大族隴西辛氏
的關係，除了李暠最初迎娶辛納之女為妻外，西涼王國中還有「辛淵，
字子深，隴西狄道人也。……淵仕暠為驍騎將軍。歆亦善遇之，歆與
沮渠蒙遜戰於蓼泉，軍敗失馬，淵以所乘馬授歆，而身死於難，遂以
義烈見稱於西土」。[198]至於天水尹氏，「玄盛之創業也，謨謀經略多所
毗贊，故西州諺曰：『李、尹王敦煌』」。[199]尹建興在西涼建國初出任左
司馬，酒泉丁家閘六號墓出土了《西涼嘉興二年（418）十二月隴西狄

---

195 屠喬孫、項琳輯：《十六國春秋》卷九一《西涼錄一・李暠》，載文淵閣《四庫全書》
　　史部載記類，第 463 冊，第 1042 頁。

196 《晉書》卷八七《涼武昭王李玄盛傳》，第 2258、2262 頁。

197 《晉書》卷八七《涼武昭王李玄盛傳》、卷九六《列女・涼武昭王李玄盛後尹氏傳》，
　　第 2268、2526 頁。

198 屠喬孫、項琳輯：《十六國春秋》卷九三《西涼錄三・辛淵》，載文淵閣《四庫全書》
　　史部載記類，第 463 冊，第 1058 頁。

199 《晉書》卷九六《列女・涼武昭王李玄盛後尹氏傳》，第 2526 頁。

道李超夫人尹氏墓表》，關尾史郎推測李超為西涼李氏宗室，其夫人尹氏及尹建興當與李暠尹後同出於天水尹氏家族，[200]這些都說明西涼王國自始至終都得到天水大族尹氏的支持。此外，《晉書》卷八七《涼武昭王李玄盛傳》云：「初，玄盛之西也，留女敬愛養於外祖尹文。文既東遷，玄盛從姑梁褒之母養之。其後禿髮傉檀假道於北山，鮮卑遣褒送敬愛於酒泉，並通和好。」李暠的從姑所嫁之梁氏，很可能出自隴右的安定大族。[201]由此可見，隴右地區的李、辛、尹、梁氏等大族之間互相通婚，甚至跟隨李暠一起來到了河西西部，這些拋別故土的隴右大族是李氏西涼王國中最忠實的支持者。

被稱為「聖人」、起兵反抗後涼的西平郭黁，也與李暠有著頗為親密的關係。李暠「嘗與呂光太史令郭黁及其同母弟宋繇同宿」，[202]郭黁密勸李暠兄弟起兵反呂。《資治通鑑》卷一〇九東晉安帝隆安元年(397)條云：「涼人張捷、宋生等招集戎、夏三千人，反於休屠城，與黁共推涼後將軍楊軌為盟主。」筆者曾懷疑張、宋二人是敦煌大族，他們所召集的三千人可能就是《晉書》卷八七《涼武昭王李玄盛傳》所記載的

---

200 〔日〕關尾史郎：《〈西涼嘉興二年十二月李超夫人尹氏墓表〉について——「五胡」時代石刻ノート(2)——〉》，載《環日本海研究年報》第 12 號，2005 年。

201 除了漢族安定梁氏外，隴右一帶的梁氏還有匈奴休屠胡、氐族，前者見《三國志》卷二六《魏書·郭淮傳》所記「涼州休屠胡梁元碧」率領種落二千餘家東遷到安定之高平，《晉書》卷一二六《禿髮傉檀載記》記載姑臧屠各推梁貴為盟主；後者見屠喬孫、項琳輯《十六國春秋》卷四二《前秦錄十·梁讖》云：「梁讖，字伯言，略陽氐人也」（載文淵閣《四庫全書》史部載記類，第 463 冊，第 671 頁）。王素《高昌史稿·統治編》（第 140-146 頁）誤讀了關尾史郎《「白雀」臆說——〈吐魯番出土文書〉箚記補遺》（載《上智史學》第 32 號，1987 年）提出的匈奴族觀點，認為前秦涼州刺史梁熙為安定羌族，則不確。與隴西李氏聯姻的梁氏，當為安定郡的漢族大姓。

202 《晉書》卷八七《涼武昭王李玄盛傳》，第 2257 頁。

「郭黁之寇武威，武威、張掖已東人西奔敦煌、晉昌者數千戶」，[203]這也反映了西平郭黁與敦煌大族早有連繫。另外，河西走廊東部的武威大族陰氏，如「陰仲達，武威姑臧人。祖訓，字處道，仕李暠為武威太守。父華，字季文，姑臧令」，[204]因其故土為胡族所占，陰訓、陰華父子西奔敦煌，出仕於西涼王國。前揭西涼初政府班子的名單中，敦煌大族令狐赫為武威太守，到後來由武威大族陰訓繼任該職，而其子為姑臧令。這既是鼓勵武威陰氏去收復故土，也反映了李暠似乎有重用敦煌以外地區的大族的轉向。

在西涼李氏的婚姻圈中，李暠之子李翻曾娶晉昌唐氏為妻。《魏書》卷四三《唐和傳》云：「李氏為沮渠蒙遜所滅，和與兄契攜外甥李寶避難伊吾，招集民眾二千餘家，臣於蠕蠕。蠕蠕以契為伊吾王。」李寶在《魏書》中也有傳，知其為李暠之孫、李翻之子，他本人在西涼亡後被擄至北涼國都姑臧，「歲餘，隨舅唐契北奔伊吾，臣於蠕蠕」。[205]李暠之子李翻娶唐瑤之女為妻，李、唐兩家結為姻親，關係極好，晉昌唐氏成為西涼王國的重要支持力量。西涼滅國以後，唐瑤之子唐契、唐和攜帶外甥李寶逃奔伊吾，唐契被柔然（即蠕蠕）封為伊吾王，足見其勢力頗大，唐、李兩家的關係始終非常密切。

以上說明，隴西李暠建國西涼，得到天水尹氏、隴西辛氏、安定梁氏、西平郭氏等隴右大族及河西東部的武威陰氏的支持，甚至還獲得了晉昌唐瑤、馮翊郭謙等外地移入的實力派的大力幫助；但另一方面，西涼畢竟立國於敦煌，偏居在河西走廊的西端，李暠與敦煌大族

---

203 馮培紅：《敦煌大族與前秦、後涼》，載《南京師大學報》（社會科學版）2012 年第 2 期。

204 《魏書》卷五二《陰仲達傳》，第 1163 頁。

205 《魏書》卷三九《李寶傳》，第 885 頁。

之間的聯合自然是極其必要的。李暠之父李昶英年早逝，其母再嫁於宋繇之父宋繚，作為遺腹子的李暠遂與敦煌大族宋氏搭上了關係。《魏書》卷五二《宋繇傳》云：「宋繇，字體業，敦煌人也。曾祖配，祖悌，世仕張軌子孫。父繚，張玄靚龍驤將軍、武興太守。繇生而繚為張邕所誅」，可知宋配一家雖為敦煌人，但因做官而一直生活在前涼國都武威，宋繚才得以娶前涼世子侍講李昶的年輕遺孀為妻，並生下了宋繇。前涼後期宋繚被殺後，年幼的宋繇應當回到了故鄉敦煌，接著「五歲喪母，事伯母張氏以孝聞。八歲而張氏卒，居喪過禮。繇少而有志尚，喟然謂妹夫張彥曰：『門戶傾覆，負荷在繇，不銜膽自屬，何以繼承先業！』」。李暠、宋繇是同母異父的兄弟，父母早亡，年幼失怙，感情甚篤。宋繇的伯母、妹夫皆為張氏，很可能屬於敦煌大族張氏，敦煌宋、張兩個大姓之間世代聯姻，親上加親，結成了本地間的婚姻圈。李暠曾說：

　　此郡世篤忠厚，人物敦雅，天下全盛時，海內猶稱之，況復今日，實是名邦。正為五百年鄉黨婚親相連，至於公理，時有小小頗回，為當隨宜斟酌。[206]

道出了敦煌大族自漢代以來互相通婚，結成盤根錯節的婚姻勢力圈，並且影響到西涼王國的統治，出現「小小頗回」的現象，李暠對此做出一定的政治妥協，採取「隨宜斟酌」的策略。李暠通過敦煌宋氏這層家族關係，加強了與宋、張等敦煌大姓之間的連繫，從而獲取重要的政治支持。李暠從效谷令被推舉為敦煌太守，不僅得到了沙州治中

206　《晉書》卷八七《涼武昭王李玄盛傳》，第2262頁。

敦煌索仙的有力支持，而且其同母弟宋繇迅速從段業北涼的國都建康
趕回敦煌，從內外兩面給予李暠實際的幫助。李暠原任效谷令，他被
推舉為敦煌太守後，敦煌張邈接替效谷令之職，後來升任右長史，支
持李暠遷都酒泉，由此觀之，李、張之間似應有著頗為密切的關係。
另外，《晉書》卷八七《涼武昭王李玄盛傳》記載，「玄盛素與〔索〕
嗣善，結為刎頸交」，也是他與敦煌大族進行聯絡交往的證明。李歆
時，主簿氾稱上疏曰：「臣蒙先朝布衣之眷，輒自同子弟之親」，亦見
李暠對敦煌大族氾氏的結交拉攏。

因此完全可以說，西涼王國的性質是隴右大族與敦煌大族的聯合
政權，同時得到了晉昌唐瑤、馮翊郭謙與武威陰氏等的支持。這也就
是李暠遷都酒泉時對其諸子所說的「粗亦無負於新舊」，[207]較好地處理
了本地望族與外來大姓之間的關係。

（三）敦煌大族內部的分野：以索嗣父子、張穆等為例

李暠初任敦煌太守，得到了敦煌大族索仙、宋繇、張邈等人的支
持；建立西涼時，除此三人外，張體順、令狐溢、索承明、氾德瑜、
趙開、陰亮等敦煌諸姓大族亦被封官，自然也是他的支持者，可以說
李暠贏得了絕大多數敦煌大族的推戴。然而，與李暠相善並結為「刎
頸交」的敦煌望族索嗣，卻與他爭奪對敦煌的統治權。《晉書》卷八七
《涼武昭王李玄盛傳》對此有詳細的記述：

及業僭稱涼王，其右衛將軍索嗣構玄盛於業，乃以嗣為敦煌太
守，率騎五百而西，未至二十里，移玄盛使迎己。玄盛驚疑，將出迎
之，效谷令張邈及宋繇止之曰：「呂氏政衰，段業暗弱，正是英豪有為

---

207 《晉書》卷八七《涼武昭王李玄盛傳》，第2263頁。

之日。將軍處一國成資，奈何束手於人！索嗣自以本邦，謂人情附己，不虞將軍卒能距之，可一戰而擒矣。」宋繇亦曰：「大丈夫已為世所推，今日便授首於嗣，豈不為天下笑乎！大兄英姿挺傑，有雄霸之風，張王之業不足繼也。」玄盛曰：「吾少無風雲之志，因官至此，不圖此郡士人忽爾見推。向言出迎者，未知士大夫之意故也。」因遣繇覘嗣。繇見嗣，啖以甘言，還謂玄盛曰：「嗣志驕兵弱，易擒耳。」於是遣其二子士業、讓與邈、繇及司馬尹建興等逆戰，破之，嗣奔還張掖。玄盛素與嗣善，結為刎頸交，反為所構，故深恨之，乃罪狀嗣於段業。業將且渠男〔成〕又惡嗣，至是，因勸除之。業乃殺嗣，遣使謝玄盛，分敦煌之涼興、烏澤、晉昌之宜禾三縣為涼興郡，進玄盛持節、都督涼興已西諸軍事、鎮西將軍，領護西夷校尉。

索氏是漢代以來傳統的敦煌大族，[208]對於李暠的上臺，無論是索仙的支持，還是索嗣的反對，都反映出該家族在本地政治與社會中的重要性。索嗣與宋繇一樣，同為敦煌大族，均仕於段業北涼國都建康，但兩人對李暠的態度卻截然不同，這當然與宋繇和李暠為兄弟有關，至於索嗣，沮渠蒙遜對其從兄男成說過：「段業愚暗，非濟亂之才，信讒愛佞，無鑑斷之明。所憚惟索嗣、馬權，今皆死矣，蒙遜欲除業以奉兄何如？」[209]足見索嗣在段業北涼王國中的地位極為重要。段業派索嗣來當敦煌太守，欲以取代李暠，索嗣也「自以本邦，謂人情附己」，卻沒想到索仙、宋繇、張邈等敦煌大族並不附從自己，反而支持隴西李

208　關於敦煌索氏家族的研究，參劉雯《敦煌索氏家族研究》，蘭州大學碩士學位論文，1998 年；馮培紅、孔令梅《漢宋間敦煌家族史研究回顧與述評（中）》（載《敦煌學輯刊》2008 年第 4 期）提到了敦煌索氏研究的相關論著。

209　《晉書》一二九《沮渠蒙遜載記》，第 3191 頁。

朂。這種不同的政治態度，雖然有著各自的實際目的，卻說明一個事實，即敦煌大族的內部出現了不同的分野。如果說宋繇支持李暠是出於自身家庭的關係，那麼索仙、張邈及令狐溢、氾德瑜、趙開、陰亮等人則完全是出於對政治利益的考量。

李暠與索嗣之爭的意義，並不僅限於敦煌一地的統治權，更重要的是李暠及其僚屬由此擺脫了段業北涼王國的統治，走上獨立建國之路。原來在郭謙、索仙的推戴下，李暠當上了寧朔將軍、敦煌太守；但到段業稱涼王後，命索嗣為敦煌太守以取代李暠，此時敦煌正要和本地大族聯合起來，共同阻止索嗣。這一行為既反映了敦煌大族索氏的分野內爭，更是敦煌勢力集團為了擺脫段業北涼王國而尋求獨立的鬥爭。段業本想利用敦煌大族索嗣加強對敦煌的控制，不料未能成功，索嗣在敗戰之後東歸建康，不久被段業所殺。段業又從敦煌、晉昌二郡析置涼興郡，這一做法使晉昌太守唐瑤失去了原來所轄的宜禾縣，導致他對段業北涼統治的不滿，遂移檄六郡，擁戴李暠建立西涼。

直到西涼末，敦煌索氏家族的內部分野仍然繼續存在，具體體現在索嗣之子索元緒對西涼的復仇上。四二〇年，北涼沮渠蒙遜攻滅西涼：

蒙遜以索嗣子元緒行敦煌太守。元緒粗嶮好殺，大失人和。郡人宋承、張弘以〔李〕恂在郡有惠政，密信招恂。恂率數十騎入於敦煌，元緒東奔涼興，宋承等推恂為冠軍將軍、涼州刺史。蒙遜遣世子德政率眾攻恂，恂閉門不戰，蒙遜自率眾二萬攻之，三面起堤，以水灌城。恂遣壯士一千，連版為橋，潛欲決堤，蒙遜勒兵逆戰，屠其城。[210]

---

210 《晉書》卷八七《涼武昭王李玄盛附李歆傳》，第 2270-2271 頁。

索嗣死後，其子索元緒在沮渠氏北涼王國中受到重用，沮渠蒙遜在攻克敦煌後任命他為行敦煌太守，想利用敦煌索氏的大族威信達到其統治的目的，這也顯示出了敦煌大族的重要性。由於索元緒為父復仇，對其敦煌同鄉「粗嶮好殺」，招致了敦煌大族宋承、張弘的反抗，他們繼續效忠於李氏，趕走了索元緒。之前沮渠蒙遜在攻取酒泉後，「百姓安堵如故，軍無私焉」；[211]而對敦煌的態度卻截然相反，從索元緒的殺戮到最終的屠城，敦煌大族遭到毀滅性的打擊，也說明其內部分野裂痕極深。面對盧水胡人沮渠氏的統治，他們大多在政治上仍然擇取同為漢族的隴西李氏。

　　還可注意的是，敦煌索氏家族的一些人物流徙到了東晉境內。《資治通鑑》卷一一六東晉安帝義熙九年（413）條云：「是歲，以敦煌索邈為梁州刺史，苻宣乃還仇池。初，邈寓居漢川，與別駕姜顯有隙，凡十五年而邈鎮漢川；顯乃肉袒迎候，邈無慍色，待之彌厚。退而謂人曰：『我昔寓此，失志多年，若讎姜顯，懼者不少。但服之自佳，何必逞志！』於是闔境聞之皆悅。」從四一三年往前逆推十五年，為三九八年，當時敦煌正值後涼統治，孟敏為敦煌太守。索邈為何從敦煌流寓到梁州，原因尚不得而知。後涼初敦煌索嘏參與反呂鬥爭，最終失敗，或許因此造成了索邈向外逃徙。他在梁州寓居了十五年，敢於和梁州別駕姜顯作對，並且升至梁州刺史之位，說明敦煌索邈即使流寓在外，也頗具實力。經歷了後涼、段業北涼的統治之後，四〇〇年李暠在敦煌建立西涼王國，但索邈一直生活在東晉梁州，沒有回歸故土。

　　敦煌大族內部的分野，並不僅僅限於敦煌索氏一家，出自另一大族的張穆及張披、張衍亦出仕於北涼王國，與在其故土上立國的西涼

---

211 《晉書》卷一二九《沮渠蒙遜載記》，第3199頁。

相敵對。《晉書》卷一二九《沮渠蒙遜載記》凡兩處記載到張穆：

(1) 以敦煌張穆博通經史，才藻清贍，擢拜中書侍郎，委以機密之任。

(2) 遂循海而西，至鹽池，祀西王母寺。寺中有《玄石神圖》，命其中書侍郎張穆賦焉，銘之於寺前，遂如金山而歸。

載記將第(1)條是於四一二年沮渠蒙遜遷都姑臧之前，《十六國春秋》卷九四《北涼錄一·沮渠蒙遜》置第(2)條於玄始四年（415）。[212]敦煌大族張穆內被委以機密之任，外則隨軍出行，頗受沮渠蒙遜的信用。他之所以出仕北涼，是因為此前一直生活在涼州，經歷了後涼、後秦、南涼諸政權，最後歸於北涼。四〇三年，後秦擊滅後涼，張穆出任涼州治中，之前他很可能仕於後涼王國。後秦涼州刺史王尚被征至長安受審，張穆與涼州別駕宗敞、主簿邊憲、胡威等一同上疏，為之請願，這些涼州僚佐自稱「臣等生自西州」，[213]都是河隴人士。後秦勢力很快退出河西，四〇六年禿髮傉檀入主姑臧，張穆遂轉仕於南涼，舊時同僚宗敞曾向傉檀談到涼州的人才，其中就有「張穆、邊憲、文齊楊、班」。[214]四一一年，沮渠蒙遜發兵東攻，傉檀大敗，逃歸樂都，姑臧遂為北涼所占，張穆為蒙遜所得，被任命為中書侍郎。作為出自敦煌的大族，張穆沒有生活在西涼，而是出仕於後涼、後秦、南涼、北涼，這是當時的時代環境使然，也在一定程度上顯示了敦煌大族的分

---

212 屠喬孫、項琳輯本，見文淵閣《四庫全書》史部載記類，第463冊，第1066頁。

213 《晉書》卷一一七《姚興載記上》，第2988頁。

214 《晉書》卷一二六《禿髮傉檀載記》，第3149頁。原文「張穆、邊憲、文齊、楊班、梁崧、趙昌，武同飛羽」，把文齊、楊班也當作南涼人，點逗失誤。

野。另外，《續敦煌實錄》卷一中列有張披、張衍二人，皆視為敦煌人，官任北涼永安令、太史令，與故土之國西涼互為敵國。[215]

　　由此可知，敦煌大族的內部並非鐵板一塊，流寓到外地尤其是敵國北涼的索、張二氏，也頗有其人，他們對李氏西涼的統治自然是持反對態度的。這種情況反映出，在對待西涼王國的政治取向上，某些敦煌大族的內部存在著分野，採取不合作的態度，他們更多的是投向了與之敵對的北涼王國。

（四）從敦煌到酒泉：李暠與敦煌大族之關係的再考察

　　四〇〇年，西涼立國伊始，李暠就命令折衝將軍、從事中郎宋繇率軍東伐涼興郡，攻克玉門以西諸城。「酒泉太守王德亦叛北涼，自稱河州刺史。北涼王〔段〕業使沮渠蒙遜討之。德焚城，將部曲奔唐瑤，蒙遜追至沙頭，大破之，虜其妻、子、部落而還。」王德西奔晉昌太守唐瑤，即是投降了西涼；翌年五月，沮渠蒙遜弒殺段業，在張掖建立新的北涼王國，但「沮渠蒙遜所部酒泉、涼寧二郡叛降於西涼」。[216]如此，西涼的勢力向東擴展至酒泉以東的涼寧郡，[217]逼近北涼國都張掖。

　　四〇五年，李暠派遣舍人黃始、梁興出使東晉，並決定將西涼都城從敦煌向東遷到酒泉：

　　　玄盛謂群僚曰：「昔河右分崩，群豪競起，吾以寡德為眾賢所推，

---

215 張澍輯：《續敦煌實錄》卷一，第 25-26 頁。同卷還有張慎，官任北涼奉常，但生活在北涼滅西涼以後，故置而不論。

216 《資治通鑑》卷一一一，東晉安帝隆安四年（400）、五年條，第 3515、3528 頁。

217 《魏書》卷一〇六下《地形志下》「涼州」條下有梁寧郡，轄園池、貢澤二縣，第 2625 頁。「梁寧」當為「涼寧」之誤書。《晉書》卷八六《張軌附張耀靈傳》載其被伯父張祚廢為涼寧侯，第 2246 頁。其地在酒泉、張掖之間。

何嘗不忘寢與食，思濟黎庶。故前遣母弟縣董率雲騎，東殄不庭，軍之所至，莫不賓下。今惟蒙遜鴟跱一城。自張掖已東，晉之遺黎雖為戎虜所制，至於向義思風，過於殷人之望西伯。大業須定，不可安寢，吾將遷都酒泉，漸逼寇穴，諸君以為何如？」張邈贊成其議，玄盛大悅曰：「二人同心，其利斷金。張長史與孤同矣，夫復何疑！」乃以張體順為寧遠將軍、建康太守，鎮樂涫，征宋縣為右將軍，領敦煌護軍，與其子敦煌太守讓鎮敦煌，遂遷居於酒泉。[218]

據此，李暠稱其遷都酒泉，是為了漸逼北涼，並伺機完成統一河西的大業。[219]然而，「玄盛既遷酒泉，乃敦勸稼穡。群僚以年谷頻登，百姓樂業，請勒銘酒泉，玄盛許之。於是使儒林祭酒劉彥明為文，刻石頌德。既而蒙遜每年侵寇不止，玄盛志在以德撫其境內，但與通和立盟，弗之校也」，[220]並且欣然接受群臣進獻的各種祥瑞。這說明，李暠遷都酒泉後，實際上並未東伐北涼，而是與之立盟休戰，同時敦勸稼穡，作長久割據的打算。牧府右司馬索承明當為敦煌大族，他勸李暠東伐，反遭訓斥：「蒙遜為百姓患，孤豈忘之！顧勢力未能除耳。卿有必禽之策，當為孤陳之；直唱大言，使孤東討，此與言『石虎小豎，宜肆諸市朝』者何異！」[221]更加證實了李暠將國都從敦煌遷至酒泉，並非為了東討北涼，而是另有其因。

218　《晉書》卷八七《涼武昭王李玄盛傳》，第 2263 頁。

219　許多學者持此觀點，如：1.齊陳駿、陸慶夫、郭鋒《五涼史略》第四章「漢人李暠建立的西涼政權」（陸慶夫撰），第 80-81 頁；2.齊陳駿《河西史研究》之《李暠與西涼政權》，第 157 頁；3.洪濤《五涼史略》，第 122 頁；4.趙向群《五涼史探》，第 155-157 頁；5.趙向群《甘肅通史·魏晉南北朝卷》，第 292-293 頁。

220　《晉書》卷八七《涼武昭王李玄盛傳》，第 2264 頁。

221　《資治通鑑》卷一一七，東晉安帝義熙十二年（416）條，第 3688 頁。

　　李暠明知北涼實力強大，根本不可能吞滅北涼，完成統一河西的
大業。那麼，他遷都的真正原因是什麼呢？劉昞《敦煌實錄》記錄了
這樣一則故事：

　　晉安帝隆安元年（397），涼州牧李暠微服出城，逢虎道邊，虎化
為人，遙呼暠為西涼君，暠因彎弧待之。又遙呼暠曰：「有事告汝，無
疑也。」暠知其異，投弓於地。人乃前曰：「敦煌空虛，不是福地。君
之子孫，王於西涼，不如徙酒泉。」言訖乃失。暠乃移都酒泉。[222]

陸慶夫指出了該故事中存在的錯誤，如三九七年李暠尚非涼州牧，並
未稱王於西涼，當時的酒泉更不在他的手中，虎化為人的神話不足置
信，但同時也肯定了「劉昞這段文字中還反映了一點真實的情況，那
就是『敦煌空虛』四個字，道出了李暠遷都酒泉的真實原因」，並認為
「只有遷都酒泉，才能集中兵力對付北涼」。[223]然而在四〇五年李暠遷
都酒泉之時，敦煌郡真的空虛嗎？《晉書》卷八七《涼武昭王李玄盛
傳》云：

　　初，符堅建元（365-385）之末，徙江漢之人萬餘戶於敦煌，中州
之人有田疇不辟者，亦徙七千餘戶。郭黁之寇武威，武威、張掖已東
人西奔敦煌、晉昌者數千戶。及玄盛東遷……

前秦末，遷徙一萬七千餘戶中原人到敦煌；後涼末郭黁起兵失敗後，

222　《太平御覽》卷一六五《州郡部十一・隴右道》「涼州」條，第 1 冊，第 804 頁。

223　齊陳駿、陸慶夫、郭鋒：《五涼史略》第四章「漢人李暠建立的西涼政權」（陸慶夫
　　　撰），第 81 頁。

又有數千戶武威、張掖以東人西奔敦煌、晉昌，所以到西涼時，敦煌地區集聚了約兩萬戶外地移民，再加上敦煌本地的人口，數字極為可觀。姜清基說：「李暠以敦煌作為都城建立起西涼政權與敦煌人口多有直接關係。敦煌有近十五萬人口，成為當時河西的人口大郡，為西涼政權的鞏固起了很重要的作用。」[224]在遷都酒泉後兩年亦即四○七年，李暠派遣沙門法泉為使節，給東晉朝廷上表，其中仍然說道：

> 又敦煌郡大眾殷，制御西域，管轄萬里，為軍國之本，輒以次子讓為寧朔將軍、西夷校尉、敦煌太守，統攝昆裔，輯寧殊方。[225]

這是李暠上給東晉安帝的表文，無疑會有些自誇浮詞，但稱「敦煌郡大眾殷」卻也不是完全無據。另外，李暠在敦煌南面的子亭築城，後來「玄盛乃修敦煌舊塞東西二圍，以防北虜之患；築敦煌舊塞西南二圍，以威南虜」，[226]不斷地加強敦煌郡的軍事防禦能力。因此，虎化人所說遷都以前「敦煌空虛」之語並不準確。

我認為，虎化人所說的話中，真正應該注意的是敦煌「不是福地」一語。李暠從敦煌遷都酒泉的決策，最重要的支持者是右長史張邈，[227]卻未提到左長史敦煌索仙、從事中郎宋繇等人，似乎透露出李暠遷都可能沒有得到敦煌索、宋等大族的全力支持。前面說到，李暠遷都酒泉時對諸子訓誡的話中，提及敦煌郡「五百年鄉黨婚親相連，至於公

---

224 姜清基：《河西歷代人口研究》，內蒙古人民出版社 2008 年版，第 41 頁。

225 《晉書》卷八七《涼武昭王李玄盛傳》，第 2264 頁。傳中敘事於遷都酒泉之後，而《資治通鑑》卷一一四繫於東晉安帝義熙三年（407）條，第 3604 頁。

226 《晉書》卷八七《涼武昭王李玄盛傳》，第 2265 頁。

227 張澍輯《續敦煌實錄》卷一，把張邈當作敦煌人，第 23-24 頁。

理，時有小小頗回」，並讓其子敦煌太守李恂對這些本地的「僚佐邑宿，盡禮承敬，燕饗饌食，事事留懷」，[228]已可見他對待敦煌大族的複雜的心態了。其次，李暠東遷時將前秦時代的中原移民從敦煌悉數帶走，《晉書》卷八七《涼武昭王李玄盛傳》云：

> 及玄盛東遷，皆徙之於酒泉，分南人五千戶置會稽郡，中州人五千戶置廣夏郡，余萬三千戶分置武威、武興、張掖三郡。[229]

這總計二萬三千戶的數字超過了前秦末西徙到敦煌的中原人口，他們構成了酒泉西涼政權的主要群眾基礎。換言之，非敦煌本地出身的隴西李暠，此時可能更多地依靠這些外來的民眾，而非敦煌大族。李暠東遷國都及進逼北涼的行為，可能不一定為西邊的敦煌民眾所支持，但肯定會受到原本來自東部的中原及隴右民眾的歡迎。

國都東遷以後，敦煌地區人口明顯減少。敦煌文獻 S.113《西涼建初十二年（416）正月敦煌郡敦煌縣西宕鄉高昌里籍》登錄了殘存的十一戶、四十一口。陳垣根據《晉書》卷二六《食貨志》所載「男女年十六已上至六十為正丁，十五已下至十三、六十一已上至六十五為次丁，十二已下、六十六已上為老、小」，指出陰懷年僅十五歲，本應為次丁，卻被稱作為丁男；裴保六十六歲，本屬老男，卻被稱作為次男，認為「當時戶制已與晉初不同，其不得不多用民力者，戶口稀少

---

228 《晉書》卷八七《涼武昭王李玄盛傳》，第2262頁。

229 四〇〇年西涼立國之初，即有武威太守令狐赫、武興太守索術，可知武威、武興二郡並非遲至四〇五年遷都酒泉後才置，前揭陰訓可能在此時出任武威太守，而唐瑤之父唐弘則任武興太守，見《新唐書》卷七四下《宰相世系表四下》，第3202頁。

也」。[230]所謂戶口稀少，即指四〇五年東遷酒泉後，敦煌人口空虛，以致於改變戶籍中的年齡標準，擴大了丁男、次男的範圍，以達到更多地役使民力的目的。需要注意的是，從戶籍所存裴、陰、呂、隨、唐及其眷屬中的趙、馬、高、袁、張、蘇、曹等姓來看，在將前秦末徙入的中原漢人多數東遷以後，留存在敦煌的也並不只是本地大族，除了陳垣指出的敦煌著姓陰、趙、張及曹氏和晉昌唐氏外，還有不少雜姓，說明也有部分中原漢人留居在敦煌。

西涼亡國前夕，有一則讖謠頗堪關注：「敦煌父老令狐熾夢一白頭公帕衣，而謂曰：『南風動，吹長木。胡桐椎，不中轂。』言訖，忽然不見。歆小字桐椎，至是而亡。」[231]令狐氏是漢代以來敦煌地區的文化高門，[232]令狐熾作為敦煌父老的代表，從他口中道出的夢讖，無疑具有預言性。「長木」、「桐椎」指的是西涼後主李歆，吹折長木的「南風」甚可玩味，它有可能喻指地處東南的北涼，但更有可能是指苻堅遷來的江漢人。大概因為敦煌大族「時有小小頗回」，李暠在敦煌立國五年後，便將西涼國都向東遷往酒泉，在一定程度上疏離了敦煌大族，而以外來民眾為其統治基礎。四一七年李暠病卒，子李歆繼位，以宋繇為武衛將軍、廣夏太守、軍咨祭酒、錄三府事，索仙為征虜將軍、張掖太守，把這兩位屬於敦煌大族的先朝重臣調離了國都酒泉。李歆不聽納從事中郎張顯、主簿氾稱的上疏諫議，尤其是在出擊北涼的問題上，不顧左長史張體順及宋繇的勸諫，一意孤行，最後兵敗身死。這些都說明，此時的敦煌大族已經無法左右西涼王國和他們自身的命

---

230 陳垣：《跋西涼戶籍殘卷》，載《北京師範大學學報》1963 年第 2 期。

231 《魏書》卷九九《私署涼王李暠附李歆傳》，第 2203 頁。

232 孫曉林：《漢——十六國敦煌令狐氏述略》，載《北京圖書館館刊》1996 年第 4 期；
馮培紅：《漢晉敦煌大族略論》，載《敦煌學輯刊》2005 年第 2 期。

運。從李歆任命諸弟李翻為酒泉太守、[233]李預為新城太守、李恂為敦煌太守、李密為領羽林右監、李眺為左將軍、李亮為右將軍來看，西涼末年的政權基本上是由李氏家族自身所掌控的。西涼將亡的預言從敦煌父老的代表令狐熾的口中道出，似乎透露出敦煌大族對遷都酒泉的西涼李氏政權的不滿。

（五）結語

以往學者們較多地關注敦煌大族與西涼國主李暠之間的聯合及支持方面，甚至認為李暠是敦煌大族政治、經濟利益的總代表。重視敦煌大族在西涼王國中的地位與作用，無疑是極有必要的。本節在此基礎上，進一步探索作為隴西大族的李暠與外來民眾的連繫，以補充學界長期以來忽略的另一面，期望在這樣的整體關照下，能夠更加客觀、準確地看待敦煌大族與西涼王國的關係。

毫無疑問，李暠是以隴西大族的身分出現在敦煌的政治舞臺上的，儘管他和敦煌大族宋氏通過其母親的改嫁搭建上了非常重要的連繫。在敦煌索嗣前來取代他擔任敦煌太守一事上，李暠對敦煌大族採取了觀察、試探的做法，其外地人的狐疑心態已經展露無遺。他與同處隴右地域的隴西辛氏、天水尹氏相互通婚，尤其是「李、尹王敦煌」的諺語，反映了隴右大族在敦煌的統治地位。在西涼初的政府班子中，雖然敦煌大族占的比例極大，但領銜的唐瑤、郭謙等實力派卻都是外地人或其後裔，他們對李暠的推舉及李暠與敦煌宋氏的關係，使之成為敦煌政要與本地大族擇取的最佳人選。應該説，西涼王國就是這種外來民眾與本土大族相結合的產物。

---

233 《魏書》卷三九《李寶傳》記載，其父李翻為「私署驍騎將軍，祁連、酒泉、晉昌太守」，第 885 頁。

　　還應注意的是敦煌大族的內部出現了分化，任職於北涼的索嗣、索元緒父子反對李暠的鬥爭與西涼王國相始終，索邈長年流寓在外，張穆、張披、張衍出仕於西涼的敵國北涼，他們沒有回到敦煌故土，亦可見敦煌大族的內部並非鐵板一塊。

　　西涼立國二十年，定都敦煌僅有五年，大部分時間則是在酒泉。李暠東遷之時，將敦煌地區的二萬三千戶遷到酒泉，這些主要來自中原的民眾構成了後期西涼王國的政權基礎。從李暠在酒泉的行為來看，遷都酒泉顯然不是為了他表面所說的東伐北涼、統一河西，而是要離開「不是福地」的敦煌，以擺脫敦煌大族的勢力控制。西涼後期，敦煌大族的勸諫大多不被聽納，特別是在亡國前夕，借敦煌父老的代表令狐熾之口道出的預言讖謠，暗示了李氏西涼以外地徙入的南人為主要倚賴對象，逐漸疏離了敦煌大族，同時這也為西涼王國奏響了滅亡的輓歌。西涼滅後，敦煌大族宋繇出仕於北涼王國，官「拜尚書吏部郎中，委以銓衡之任」；[234]而從外地徙至晉昌的唐氏後裔，唐契、唐和兄弟則攜帶李暠之孫李寶出奔西域，前者被柔然可汗封為伊吾王。宋、唐二氏均與隴西李氏有親戚關係，但從他們的身上卻看到兩種截然不同的政治走向。宋繇是李暠的同母異父兄弟，是西涼王國的元勛名臣，連他都投靠了盧水胡族建立的北涼王國，足以說明敦煌大族與隴西李氏在政治上越益疏離，最終分道揚鑣；而離開了敦煌大族的支持，西涼王國也逐漸走向了滅亡。

234　《魏書》卷五二《宋繇傳》，第1153頁。

四、敦煌大族與北涼王國——兼論五涼後期儒學從大族到名士的轉變

北涼分為兩個歷史階段，前期由漢人段業執政，為時短暫（397-401年）；後期為盧水胡人沮渠蒙遜父子所取代，統治長達六十年（401-460年）。[235]段業執政時，敦煌先是歸屬於北涼版圖，但實力頗強的敦煌大族卻謀求獨立，很快便擺脫了段業的統治，擁戴李暠在敦煌建立了西涼政權。不久，段業為沮渠蒙遜所弒。在北涼、西涼對峙時期，四〇五年李暠曾將大批敦煌民眾東遷到西涼新都酒泉及其周邊，四二〇年沮渠蒙遜攻克酒泉後，又將一些敦煌大族及名士進一步遷徙到北涼國都姑臧，委以重用，為沮渠氏北涼的文化建設做出了重要貢獻。王夫之說：「禿髮、沮渠、乞伏，蠢動喙息之酋長耳，殺人、生人、榮人、辱人唯其意，而無有敢施殘害於諸儒者。且尊之也，非草竊一隅之夷能尊道也，儒者自立其綱維而莫能亂也。至於沮渠氏滅，河西無復孤立之勢，拓拔燾禮聘殷勤，而諸儒始東。闞駰、劉昞、索敞師表人倫，為北方所矜式，然而勢屈時違，只依之以自修其教，未嘗有乘此以求榮於拓拔，取大官、執大政者。嗚呼！亦偉矣哉！」[236]他所舉闞駰、劉昞、索敞三名儒士，都是敦煌人，足見在十六國後期及北魏時代，敦煌儒學具有一定的影響。前兩人並非敦煌大族，只能算是儒學名士，連傳統大族索敞及陰興也只能擔當劉昞的助教，說明在五涼後期這些名士的儒學成就已經超過了敦煌大族，如劉昞就被稱為「儒宗」。[237]對敦煌大族、名士與北涼王國的關係，本節分段業、沮渠

---

235 四三九年，北魏攻克北涼國都姑臧，稍後沮渠氏殘餘勢力逐漸退出河西，進入西域，並在高昌建立了後裔政權，直到四六〇年為柔然所滅。

236 王夫之：《讀通鑑論》卷一五《宋文帝》十三則，中冊，第429-430頁。

237 《魏書》卷五二《劉昞傳》，第1161頁。

氏兩個階段進行考察，前者仍以敦煌大族為切入點，探討他們擺脫段業北涼、尋求獨立的過程；後者則兼論敦煌大族與名士，以說明敦煌儒士對北涼文治建設的作用，並反映出五涼後期儒學從大族到名士的轉變特徵。

（一）段業北涼與敦煌大族的獨立動向

三九七年，在盧水胡人沮渠男成和建康郡漢人高逵、粟特人史惠[238]的推戴下，後涼建康太守段業自稱涼州牧，改元神璽，建立北涼。《資治通鑑》卷一一〇東晉安帝隆安二年（398）條云：

> 段業使沮渠蒙遜攻西郡，執太守呂純以歸。純，光之弟子也。於是晉昌太守王德、敦煌太守趙郡孟敏皆以郡降業。業封蒙遜為臨池侯，以德為酒泉太守，敏為沙州刺史。

這段史料中最堪注意的，是敦煌郡被升格為沙州，孟敏仍然被任命為當地最高長官，而晉昌太守王德則被東調到酒泉任職。這表明在段業北涼時，敦煌的地位較為特殊而重要。早在三四五年，前涼國主張駿在境內分置涼、河、沙三州，「敦煌、晉昌、高昌、西域都護、戊己校尉、玉門大護軍三郡、三營為沙州」，[239]首次將敦煌郡升格為沙州，大大提升了它的地位，到張祚稱帝時一度更名為商州。前秦、後涼在敦煌是否設置沙州，未見史籍記載。前秦以梁熙為涼州刺史，管

---

238 羅豐：《胡漢之間——「絲綢之路」與西北歷史考古》參之十《流寓中國的中亞史國人》（文物出版社 2004 年版，第 231 頁）在考論河西地區粟特人時，曾提到「後涼呂光時亦有建康郡人史惠」。

239 《晉書》卷一四《地理志上》，第 434 頁。《資治通鑑》卷九七繫於東晉穆帝永和二年（345）條，第 3068 頁。

轄整個河西走廊，後涼敦煌太守孟敏以郡降附段業，似都說明敦煌只設郡，而不置州。到段業北涼時，才再次將敦煌郡升格為沙州，大概仍轄敦煌、晉昌、高昌三郡及三營。唐代敦煌文獻 P.2005《唐沙州都督府圖經卷第三》兩處提到敦煌太守趙郡孟敏：

(1) 孟授渠，長廿里。右據《西涼錄》，敦煌太守趙郡孟敏於州西南十八里，於甘泉都鄉斗門上開渠溉田，百姓蒙賴，因以為號。

(2) 孟廟。右在州西五里。按《西涼錄》，神〔璽〕二年（398），敦煌太守趙郡孟敏為沙州刺史，辛官，葬於此，其廟周回三百步，高一丈三尺。

李正宇認為，這裡的《西涼錄》當為《後涼錄》或《北涼錄》之誤。[240] 後涼或北涼時，敦煌太守孟敏開鑿了孟授渠；北涼神璽二年，孟敏降附段業，被提升為沙州刺史。由於他對敦煌社會的發展做出了貢獻，受到敦煌人民的紀念，直到唐代孟授渠、孟廟仍然存在，前者繼續發揮著水利灌溉的作用。

段業北涼時，敦煌郡被升格為沙州刺史，這既是敦煌地區實力強大的反映，同時也為敦煌獨立建國奠定了基礎。四〇〇年孟敏去世以後，敦煌政要與本地大族逐漸走上了擺脫北涼統治的獨立化道路。《晉書》卷八七《涼武昭王李玄盛傳》云：

敏尋卒，敦煌護軍馮翊郭謙、沙州治中敦煌索仙等以玄盛溫毅有惠政，推為寧朔將軍、敦煌太守。玄盛初難之，會宋繇仕於業，告歸

---

240 李正宇：《古本敦煌鄉土志八種箋證》，第70-71頁注（40）、第110頁注（146）。

敦煌，言於玄盛曰：「兄忘郭黁之言邪？白額駒今已生矣。」玄盛乃從
之。尋進號冠軍，稱藩於業。業以玄盛為安西將軍、敦煌太守，領護
西胡校尉。

李暠（字玄盛）從效谷令升為敦煌太守，不是經過北凉國主段業的任
命，而為敦煌護軍郭謙、沙州治中索仙所推戴，説明此時段業的權力
已經行使不到沙州。除了郭謙之外，李暠的上臺主要得到了敦煌大族
索仙、宋繇等人的大力支持。早在後凉時，太史令郭黁就對李暠的同
母弟宋繇説：「君當位極人臣，李君有國土之分，家有騧草馬生白額
駒，此其時也。」[241]白額駒之預言雖不可信，但説明李暠在敦煌大族宋
繇的扶持下，將要建立獨立的國家。李暠被推戴為敦煌太守，向段業
自稱藩臣，反映了他在敦煌大族的支持下尋求獨立的動向。段業命令
敦煌大族出身的右衛將軍索嗣回到故鄉，取代李暠為敦煌太守。李暠
驚疑未定，將出迎之，遭到敦煌大族效谷令張邈及宋繇的阻止，他倆
勸道：

　　呂氏政衰，段業暗弱，正是英豪有為之日，將軍處一國成資，奈
何束手於人！索嗣自以本邦，謂人情附己，不虞將軍卒能距之，可一
戰而擒矣。[242]

張邈、宋繇把敦煌郡當作「一國成資」，説明這些敦煌大族有著極強的
獨立傾向，具備了西凉建國的政治基礎。索嗣雖然也出自敦煌大族，

---

241 《晉書》卷八七《凉武昭王李玄盛傳》，第 2257 頁。
242 《晉書》卷八七《凉武昭王李玄盛傳》，第 2258 頁。

但他受命於段業，欲使敦煌成為北涼治下之一郡，自然不能使本邦人情相附。

　　出仕於段業北涼政權中的敦煌大族，出現了明顯的政治分化，一派如李暠的異父同母兄弟宋繇，「後奔段業，業拜中散、常侍」，[243]而當李暠被推舉上臺時，他馬上脫離北涼，回到故鄉敦煌，明確支持李暠；另一派如右衛將軍索嗣，沮渠蒙遜曾說：「段業愚暗，非濟亂之才，信讒愛佞，無鑑斷之明。所憚惟索嗣、馬權」，[244]可見索嗣在段業北涼政權的重要地位，但段業聽從了李暠、沮渠男成的離間之言，誅殺了索嗣。筆者曾指出：「李暠與索嗣之爭的意義，並不僅限於敦煌一地的統治權，更重要的是李暠及其僚屬由此擺脫了段業北涼王國的統治，走上獨立建國之路。」[245]索嗣事件以後，段業「分敦煌之涼興、烏澤、晉昌之宜禾三縣為涼興郡，進玄盛持節、都督涼興已西諸軍事、鎮西將軍，領護西夷校尉」[246]，使李暠的權力進一步東擴至涼興郡，為其建國創造了更好的條件。

　　《魏書》卷九九《私署涼王李暠傳》云：

　　天興（398-404）中，暠私署大都督、大將軍、護羌校尉、秦涼二州牧、涼公，年號庚子，居敦煌，遣使朝貢。

對於李暠的官職記載，《晉書》卷八七《涼武昭王李玄盛傳》完全相

243　《魏書》卷五二《宋繇傳》，第1152頁。

244　《晉書》卷一二九《沮渠蒙遜載記》，第3191頁。

245　馮培紅：《敦煌大族與西涼王國關係新探》，載《敦煌吐魯番研究》第13卷，上海古籍出版社2013年版。

246　《晉書》卷八七《涼武昭王李玄盛傳》，第2258頁。

同，而《資治通鑑》卷一一一東晉安帝隆安四年（400）條則曰：「冠軍大將軍、沙州刺史、涼公、領敦煌太守」，此條可能本自《宋書》卷九八《氐胡・大且渠蒙遜傳》：「是月，敦煌太守李暠亦起兵，自號冠軍大將軍、西胡校尉、沙州刺史，太守如故。稱庚子元年，與蒙遜相抗。」該史料是南梁時追記西涼事，朝代相隔，地域懸遠，恐有未當，如說四〇〇年李暠與沮渠蒙遜相抗就不準確。從李暠建國時所置僚屬有牧府左長史、牧府右司馬看，應以《魏書》、《晉書》所載秦、涼二州牧為確。五涼國主一般稱涼州牧，不過前涼張駿曾被推舉為領秦、涼二州牧，[247]那是因為張駿東討秦州、西伐西域，勢力空前強大之故。西涼雖然偏處於河西西端，僅為涼州西隅之一角，但李暠出自秦州隴西郡，企圖統一整個河隴地區，故自稱秦、涼二州牧，這一稱謂亦見於《晉書》本傳所載他給東晉安帝所上之奏表，當無疑義。需加注意，敦煌大族雖然支持李暠從段業北涼中獨立出來，在敦煌建立國家，但是否願意東伐北涼乃至收復秦隴，則是頗有疑義的。

（二）沮渠氏北涼王國中的敦煌大族

四〇一年，沮渠蒙遜弒殺段業，建立沮渠氏北涼政權。在沮渠氏統治前期，北涼與西涼並立對峙，互為敵國，所以在北涼王國中的敦煌大族比較少。筆者在考察西涼敦煌大族時，已經提到了在北涼王國中，有行敦煌太守索元緒及中書侍郎張穆、太史令張衍、永安令張披等人，皆出自敦煌，卻出仕於沮渠氏北涼。[248]他們沒有生活在西涼本土，自然是有其原因的。例如索元緒之父索嗣，最初在段業北涼政權中擔任右衛將軍，且與李暠敵對；當沮渠蒙遜攻克敦煌後，遂以原籍

---

247 《晉書》卷八六《張軌附張駿傳》云：「於是刑清國富，群僚勸駿稱涼王，領秦、涼二州牧，置公卿百官，如魏武、晉文故事」，第2235頁。

248 馮培紅：《敦煌大族與西涼王國關係新探》，載《敦煌吐魯番研究》第13卷，2013年。

敦煌的大族索元緒行敦煌太守。張穆最初在後涼做官，隨著時勢的風
雲變化，歷經後秦、南涼，最後轉仕於北涼。後秦統治河西時，他被
姚興任命為涼州治中；到北涼時，沮渠蒙遜「以敦煌張穆博通經史，
才藻清贍，擢拜中書侍郎，委以機密之任」。敦煌大族出身的張穆，不
僅長於吏干，擔任北涼要職，執掌機密之任；而且精通經史，文才優
美。蒙遜西擊烏啼虜、卑和虜後，「遂循海而西，至鹽池，祀西王母
寺。寺中有《玄石神圖》，命其中書侍郎張穆賦焉，銘之於寺前，遂如
金山而歸」。[249]宗敞曾對南涼國主禿髮傉檀說：「張穆、邊憲、文齊、
楊班」，[250]把張穆比作西漢的揚雄，擅長作賦。這種兼具吏干、文才的
特點，是許多五涼敦煌大族所具備的。另據《續敦煌實錄》所載，張
披、張衍也是敦煌人，都是二涼對峙時期的北涼官員。[251]沮渠蒙遜在進
攻西涼前夕，太史令張衍說：「今歲臨澤城西當有破兵」，並隨軍出
征。史載「蒙遜博涉群史，頗曉天文」，他對張衍說：「吾今年當有所
定，但太歲在申，月又建申，未可西行。且當南巡，要其歸會，主而
勿客，以順天心。計在臨機，慎勿露也」，[252]可證蒙遜確實懂得天文星
象，與張衍具備同樣的文化知識。他定下聲東擊西之計，最後在都瀆
澗一舉擊敗西涼軍隊，殺死國主李歆。他將此密計告知出自敦煌大族
的張衍，足見對他非常信任。永安縣令張披向蒙遜上書獻木連理之祥
瑞，則是仕於敵國的敦煌大族諂媚北涼的政治表現。從以上三位張氏
人物看，他們或具備吏干、文才，或精通天文、祥瑞等知識，是敦煌
大族在文化知識上的典型反映，他們均服務於與本土西涼對立的北涼

---

249 《晉書》卷一二九《沮渠蒙遜載記》，第 3195、3197 頁。

250 《晉書》卷一二六《禿髮傉檀載記》，第 3149 頁。

251 張澍輯：《續敦煌實錄》卷一，第 25、26 頁。

252 《晉書》卷一二九《沮渠蒙遜載記》，第 3189、3198-3199 頁。

王國。

　　420 年，北涼軍隊攻入西涼國都酒泉，次年進克敦煌，統一了河西
走廊。在攻克酒泉以後，沮渠蒙遜對敦煌大族宋繇、張湛與名士闞
駰、劉昞等人備加禮待，充分利用他們的文化知識為北涼王國的文化
建設服務，取得了極為顯著的成效，這在十六國胡族政權中是件引人
注目的事，值得大書特書。

　　五涼時期，敦煌大族兼具吏干、文才，尤其是注重事功實踐，這
在宋繇、張湛等人身上體現得極為明顯。宋繇的祖先在五涼政權中歷
代仕宦，他本人是西涼國主李暠的異父同母兄弟，扶持其兄建國西
涼，並在李暠死前受命輔佐李歆，出任武衛將軍、廣夏太守、軍咨祭
酒、錄三府事等內外重職。《魏書》卷五二《宋繇傳》記載他是敦煌
人，曾祖宋配、祖宋悌、父宋僚為前涼重臣，他自己：

　　遂隨彥（指其妹夫張彥）至酒泉，追師就學，閉室誦書，晝夜不
倦，博通經史，諸子群言，靡不覽綜。……家無餘財，雅好儒學，雖
在兵難之間，講誦不廢。每聞儒士在門，常倒屣出迎，停寢政事，引
談經籍。尤明斷決，時事亦無滯也。

　　沮渠蒙遜平酒泉，於繇室得書數千卷，鹽米數十斛而已。蒙遜嘆
曰：「孤不喜克李歆，欣得宋繇耳。」拜尚書吏部郎中，委以銓衡之
任。蒙遜之將死也，以子牧犍委託之。牧犍以繇為左丞，送其妹興平
公主於京師。世祖拜繇為河西王右丞相，賜爵清水公，加安遠將軍。
世祖並涼州，從牧犍至京師。

傳中「博通經史」之語，與前揭《晉書》對敦煌張穆的描述完全一致。
沮渠蒙遜攻克酒泉後，在宋繇家中得到數千卷書，這是敦煌大族擁有

文化知識的反映；而從宋繇輔佐李暠父子來看，他更重要的是具備精
練的吏干素質，故沮渠蒙遜得到宋繇後，任命他為尚書吏部郎中，委
以銓衡之任，甚至在臨終前夕也像李暠一樣，把兒子沮渠牧犍託付給
他。宋繇沒有像唐契、唐和兄弟那樣，逃往伊吾追隨西涼余裔，而是
積極地為北涼王國服務，更加體現了敦煌大族的務實特點。在護送沮
渠牧犍之妹興平公主到魏都平城後，「繇又表請公主（指牧犍之妻、北
魏世祖之妹武威公主）及牧犍母妃后定號。朝議謂：禮，母以子貴，
妻從夫爵，牧犍母宜稱河西國太后，公主於其國內可稱王后，於京師
則稱公主，詔從之」，[253]維護了北涼王國的利益。

　　據《北史》卷三四《張湛傳》記載，張湛是敦煌郡淵泉縣人，[254]當
為東漢名臣張奐的後代，傳文說他是曹魏執金吾張恭的九代孫，「為河
西著姓」。其祖張質、父張顯仕於五涼，位至郡守。西涼滅國以後，張
銑、張湛兄弟皆為沮渠蒙遜所重用，尤其是張湛位至高官：

　　仕沮渠蒙遜，位兵部尚書。……兄銑，字懷義，閒粹有才幹，仕
沮渠蒙遜，位建昌令。

張湛擔任兵部尚書，官位比宋繇的尚書吏部郎中要高，其兄張銑則出
任地方縣令。這種情況與前揭中書侍郎張穆、太史令張衍、永安縣令
張披類似。另外，P.2005《唐沙州都督府圖經卷第三》「一所異怪」條

253　《魏書》卷九九《〈盧水胡沮渠蒙遜傳〉，第 2206 頁。

254　《北史》卷三四《張湛傳》原作「敦煌深泉人也」，校勘記〔一三〕指出：「按『深泉』
　　　本作『淵泉』，見《漢書》卷二八下《地理志》敦煌郡。《北史》避唐諱改」，第
　　　1265、1284 頁。崔鴻著，屠喬孫、項琳輯《十六國春秋》卷九七《北涼錄四・張湛〉》
　　　（載文淵閣《四庫全書》史部載記類，第 463 冊，第 1087 頁）作「敦煌酒泉人」，誤。

提到奉常張體順：

老父投書。

右按《十六國春秋》，北涼永和三年（435）正月，有一老父見於城東門上，投書於地，忽然不見。書一紙，八字滿之，其文曰：「涼王卅年，若七年。」涼王且渠茂虔訪於奉常張體順，順曰：「昔號之將亡，神降於莘。此老父之見，國之休祥。深願陛下克念修政，以副卅之慶。若盤於游田，荒於酒色，臣恐七年將有大變。」虔不悅，卒為魏所滅。

查諸本《十六國春秋》，對「老父投書」一事皆有記載，但「張體順」則皆寫作「張慎」。「順」、「慎」二字形近易誤，兩者或即同一人。羅振玉認為，「張體順，今本《北涼錄》作張慎，誤。體順於李暠時為寧遠將軍，李歆時為左長史（見《西涼錄》），殆西涼亡而仕北涼者」，[255]肯定了敦煌本的價值。據《晉書》卷八七《涼武昭王李玄盛傳》可知，張體順原為西涼重臣，初仕李暠為右司馬，次遷寧遠將軍、建康太守；李歆時升任為左長史，位高權重。西涼亡國後改仕北涼，沮渠蒙遜任命他為奉常，說明敦煌大族張體順具備淵博的禮儀文化知識，比較適宜擔任奉常這個九卿禮官。沮渠牧犍（即茂虔）時，出現了老父投書「涼王卅年，若七年」之讖語，此事發生在敦煌城東，並由敦煌大族奉常張體順去解讀，自然是最為適合的。與張衍一樣，敦煌趙㪍也在北涼王國中擔任太史令，通曉天文曆法知識。《魏書》卷一〇七上《律曆

---

255 黃永武主編《敦煌叢刊初集》第 1 冊《敦煌石室遺書百廿種》所收羅振玉《沙州志殘卷校錄札記》，新文豐出版股份有限公司 1985 年版，第 85 頁。

志上》云：

> 高宗踐祚，乃用敦煌趙歐《甲寅》之曆，然其星度，稍微差遲。

《宋書》卷九八《氐胡·大且渠蒙遜傳》亦載「河西人趙歐善曆算」，
並且提到元嘉十四年（437）沮渠牧犍向劉宋獻書，其中就有「《趙歐
傳》並《甲寅元曆》一卷」。趙歐即趙歐，是北涼時期敦煌人。《隋書》
卷三四《經籍志三》「《河西甲寅元曆》一卷」下注「涼太史趙歐撰」，
知其在北涼時官任太史令。該志中記載他的著作頗多，如《七曜曆數
算經》一卷、《陰陽曆術》一卷、《趙歐算經》一卷等。敦煌的曆法知
識不僅東傳到了北魏，而且還流播到江南劉宋境內。西涼初，政府班
子名單中有一位驛馬護軍趙開，[256]敦煌文獻 S.113《西涼建初十二年
（416）正月敦煌郡敦煌縣西宕鄉高昌里籍》中有三位趙氏婦女，且所
有人都居住在趙羽塢中，可見在西涼時，趙氏在敦煌確實形成了一定
的勢力。有學者認為，趙氏是敦煌乃至河西地區的大姓，[257]而山口正晃
則說：「從五胡十六國到北朝乃至唐代，河西地方的趙氏並非一流的名
族，卻保持著一定的勢力」，只不過是「河西地方的小豪族」。[258]從《魏
書》所言「敦煌趙歐」看，北涼、北魏時期的敦煌趙氏至少已經成為
當地的二流大族，與敦煌張氏一樣通曉天文曆法知識。

256　《晉書》卷八七《涼武昭王李玄盛傳》，第 2259 頁。

257　如陸慶夫認為西涼趙開是敦煌大姓，張金龍亦說北魏時趙氏是河西大姓。分參齊陳
　　駿、陸慶夫、郭鋒：《五涼史略》第四章「漢人李暠建立的西涼政權」（陸慶夫撰），
　　第 77 頁；張金龍：《魏晉南北朝禁衛武官制度研究》，中華書局 2004 年版，下冊，第
　　673 頁。

258　〔日〕山口正晃：《敦煌研究院藏〈北魏敦煌鎮軍官籍簿〉（敦研 068 號）について》，
　　載《敦煌寫本研究年報》創刊號，2007 年。

自前涼以來，敦煌大族就在諸涼政權中為官參政，積累了豐富的從政經驗。他們不僅有家族實力作為背景支撐，而且具備深厚的文化知識，為其從政提供了良好的條件。宋繇及諸張氏人物在北涼王國中充分發揮其政治才幹，而張衍、張體順、趙厞等人則利用他們掌握的天文曆法與禮儀知識，為北涼王國服務，也具有自身的特色。

四四二年，北涼殘餘勢力在沮渠無諱的帶領下，從敦煌向西撤入西域，並在高昌建立了北涼後裔政權。《張季宗及夫人宋氏墓表》云：「河西王通事舍人敦煌張季宗之墓表，夫人敦煌宋氏」；《張幼達及夫人宋氏墓表》云：「龍驤將軍、散騎常侍敦煌張幼達之墓表，夫人宋氏」；《張興明夫人楊氏墓表》云：「折衝將軍、新城太守敦煌張興明夫人楊氏墓表」，據侯燦、吳美琳考訂，這三方墓表的時代均為北涼後裔政權時期。[259]墓主張氏的姓名前皆冠「敦煌」二字，表明他們是從敦煌西遷到高昌的。張季宗「夫人敦煌宋氏」亦標明敦煌郡望，其他宋、楊二氏雖然未標郡望，但極可能亦出自敦煌。敦煌大族張、宋等氏成為高昌北涼後裔政權中的重要支持力量。

（三）敦煌名士與沮渠氏北涼的文化建設──兼論五涼後期儒學從大族到名士的轉變

如果說以宋繇、張湛等人為代表的敦煌大族，在北涼王國中主要是發揮他們的吏干才能的話，那麼一些名士則真正踐行了儒學文化事業，甚至連敦煌大族也都跟隨他們學習文化知識。這是五涼後期在文化史上的一大轉變。武守志說：「具有自己特色的河西儒學，其運行的螺旋式圓圈是圍繞著敦煌儒士旋轉的。……敦煌儒士不僅在數量上占了絕對優勢，而且在學術成就上也居於遙遙領先的地位」，「河西儒學

---

259 侯燦、吳美琳：《吐魯番出土磚志集注》，上冊，第7-14頁。

泰斗，要數敦煌劉昞」。他所說的敦煌儒士雖然也包括宋、陰、索、氾等大姓，但真正頂尖的學者則是劉昞、闞駰等非大族出身的名士，如其指出：「在河西家族之學發展成為地域性國學的過程中，劉昞起了很大作用。」[260]這些敦煌名士能夠超越和取代大族，成為河西乃至全國公認的學術領袖，跟前涼以來儒學教育的廣泛普及是密不可分的，也跟大族們投身於參政實踐有關。

《魏書》卷五二收有闞駰、劉昞等人的列傳，分別云：

> 闞駰，字玄陰，敦煌人也。祖倞，有名於西土。父玟，為一時秀士，官至會稽令。駰博通經傳，聰敏過人，三史群言，經目則誦，時人謂之宿讀。注王朗《易傳》，學者藉以通經。撰《十三州志》，行於世。蒙遜甚重之，常侍左右，訪以政治損益。拜秘書考課郎中，給文吏三十人，典校經籍，刊定諸子三千餘卷。加奉車都尉。牧犍待之彌重，拜大行，遷尚書。

> 劉昞，字延明，敦煌人也。父寶，字子玉，以儒學稱。……蒙遜平酒泉，拜秘書郎，專管注記。築陸沉觀於西苑，躬往禮焉，號玄處先生，學徒數百，月致羊酒。牧犍尊為國師，親自致拜，命官屬以下皆北面受業焉。時同郡索敞、陰興為助教，並以文學見舉，每巾衣而入。

闞、劉二姓，在漢至十六國時期並非敦煌大族。闞駰之祖父闞倞雖然有點名氣，但史籍不載其事蹟，亦無官職；而父親闞玟官至會稽縣令，才在政治上略微抬頭。北涼末，闞爽在高昌自立為太守，勢力頗

---

260 武守志：《五涼時期的河西儒學》，載《西北史地》1987 年第 2 期。

大，但他是否出自敦煌則不得而知。劉昞之父劉寶，只是一名儒學學者；劉昞娶郭瑀之女為妻，郭瑀官任博士，教授弟子五百餘人，與劉氏門第、學術相類。後藤勝指出，北凉王國中的漢人名族有安定梁氏、房氏、西平田氏，以及敦煌劉氏、武威段氏。[261]對於敦煌劉氏，他未作進一步闡述，也沒有列舉出具體人物。查北凉史籍，除了敦煌劉昞外，還有太史令劉梁、門下校郎劉祥，[262]但不知他倆是否出自敦煌。前凉時，「張重華護軍參軍劉慶在東苑專修國史二十餘年，著《凉記》十二卷」，[263]亦為史官。《晉書》卷八六《張軌附張天錫傳》記載「安定梁景、敦煌劉肅並以門胄」，我們不知道劉昞與劉肅是否有關聯，即或有之，敦煌劉氏最多也只能算是本地的次等士族。從前凉後期開始，很多儒學教學活動在祁連山中的石窟裡舉行，一些著名學者的門徒動輒成百上千，這樣一來使得河西儒學不再只是侷限於世家大族，而是全面地空前興盛並普及開來。[264]因此到五凉後期，闞駰、劉寶、郭瑀這些並非大族出身的名士，能夠成為著名的儒學學者，也就不難理解了。正如武守志指出，五凉時期的河西儒學側重於功利性的現實追求，這在敦煌大族的身上體現得最為明顯，他們積極從政，出任各級官職，投入較大的參政熱情，以致學術的重心逐漸轉移到名士手中。讀《魏書》卷五二可以發現，宋繇、張湛等人雖然好學博通，但並無著作問世，主要事蹟是在任官；而闞駰、劉昞號稱「宿讀」、「儒宗」，

261　〔日〕後藤勝：《河西王国の性格について》，載《歷史教育》第 15 卷第 9、10 合併號，1967 年。

262　《晉書》卷一二九《沮渠蒙遜載記》，第 3194、3198 頁。

263　劉知幾：《史通通釋》卷一二《外篇・古今正史第二》，上海古籍出版社 2009 年版，第 333 頁。

264　馮培紅：《五凉的儒學與佛教——從石窟的早期功能談起》，載《蘭州學刊》2006 年第 1 期。

著述極多，而且主持國家文化事業，是名副其實的名士大儒；索敞雖為大族，卻「為劉昞助教，專心經籍，盡能傳昞之業」，所以在入魏以後有所撰述。

北涼沮渠蒙遜父子雖然出自盧水胡族，直到五涼時期仍以部落的形態居住在臨松山一帶，[265]卻十分重視文化建設，崇儒重佛，[266]尤為禮遇敦煌士人，利用他們發展文教事業，以使北涼加快漢化步驟，獲取河西大量漢族民眾的認可與支持。四二〇年北涼攻克酒泉後，將敦煌名士及大族遷徙到國都姑臧，隨即開展大規模的官府文化事業。例如，闞駰被任命為秘書考課郎中，帶領三十人整理經、子典籍，僅諸子就達三千餘卷，是個非常龐大的大型文化工程。劉昞曾任西涼儒林祭酒，北涼時官拜秘書郎，亦為學官，被尊為玄處先生，著書教學，有門徒數百。沮渠牧犍繼承其父的文化政策，對劉昞尤為尊重，「牧犍尊為國師，親自致拜，命官屬以下皆北面受業焉」，於此可見北涼推行儒學文教政策之一斑。從前揭《宋書》卷九八《氐胡・大且渠蒙遜傳》所記蒙遜向劉宋請書與牧犍獻書的目錄看，北涼學者著作頗為豐富，其中大多為敦煌人所撰，反映了以敦煌名士為主導的北涼儒學之興盛。

與此同時，出自敦煌大族的索敞、陰興卻成為劉昞的助教。《魏書》卷五二《索敞傳》云：

索敞，字巨振，敦煌人。為劉昞助教，專心經籍，盡能傳昞之

265　《晉書》卷一二九《沮渠蒙遜載記》云：「沮渠蒙遜，臨松盧水胡人也。」當沮渠羅仇、麴粥被呂光所殺時，「宗姻諸部會葬者萬餘人」，蒙遜「遂斬光中田護軍馬邃、臨松令井祥以盟」，第3189-3190頁。可知在後涼時，沮渠氏仍然保持部落形態，聚居在臨松山。

266　張學榮、何靜珍：《論涼州佛教及沮渠蒙遜的崇佛尊儒》，載《敦煌研究》1994年第2期。

業。涼州平，入國，以儒學見拔，為中書博士。

儒學從傳統大族到新興名士的轉移，是五涼後期的一大變化。西晉、
前涼時，敦煌大族索氏湧現出索襲、索紞等著名學術人物，前者「游
思於陰陽之術，著天文地理十餘篇」，諡曰玄居先生；[267]後者「受業太
學，博綜經籍，遂為通儒。明陰陽天文，善術數占候」。[268]索氏家族的
「通儒」式學問，表明當時的儒學知識主要掌握在大族之家；但到北涼
時，索敞還需要跟隨劉昞學習，後者倒成了「蔚然儒宗」，說明在五涼
時期，儒學學術逐漸從大族之家轉向了新興的名士，這也是五涼文化
興盛的重要原因。[269]

（四）結語

漢晉時期，敦煌大族集為官作宦、文化知識於一身，壟斷了本地
區的各項權力。西晉末年，天下大亂，出仕京城洛陽的敦煌大族退歸
河西，一部分人如宋配、氾瑗等積極投身政治活動，依靠河西地方政
權發展自身家族；另一部分人如氾騰、索紞等則隱居不仕，得列《晉
書》列傳。隨著五涼政治的風雲變幻，敦煌大族與地方政治的關係日
益密切，參政實踐也在一定程度上影響了他們的學術。與此同時，前
涼後期儒家私學的教育活動蓬勃興起，祁連山中聚徒授學動輒成百上
千，使得學術中心逐漸發生轉移，出現了從大族到名士的轉變。如果
說郭瑀、劉寶還只是純粹的學者的話，那麼到西涼時，劉昞出任儒林
祭酒、從事中郎及撫夷護軍，則已是學官一體，成為名副其實的學術
領袖。

---

267 《晉書》卷九四《隱逸·索襲傳》，第 2448-2449 頁。
268 《晉書》卷九五《藝術·索紞傳》，第 2494 頁。
269 趙以武：《五涼文化述論》，甘肅文化出版社 1989 年版。

　　儘管沮渠蒙遜説「朕不喜克李歆，欣得宋繇耳」，但實際上在北涼王國中參政的敦煌大族並不多，原本的從政實踐已經明顯弱化，甚至連家傳學術也逐漸消退，這從宋繇、張湛等人並無著作問世已然可見。這一時期最能夠體現敦煌特點的，是以劉昞、闞駰等名士為主導的儒學文化的興盛，尤其在北涼王國中體現得淋漓盡致。這一點也反映出敦煌大族經過五涼王國的政治與社會變遷，其家族自身已經發生了顯著性的變化，失去了藉以依託的政治與文化根基；而儒學從大族向名士的轉移，代表了五涼後期一種社會文化的新動向。四三九年北魏攻克姑臧後，將宋繇、張湛、索敞等敦煌大族遷到代京平城。對於包括這些敦煌大族在內的河隴士族遷入代京及其對北魏的文化影響，陳寅恪作過論述並產生了很大的影響。[270] 然而，闞駰、劉昞這兩位河西學術領袖並未隨例入京，而是在涼州出任樂平王拓跋丕的從事中郎。闞駰在拓跋丕卒後才赴京師，但是「家甚貧弊，不免飢寒」，最後在貧困中死去；劉昞一直居住在姑臧，老年思鄉西返，在途中遇疾而卒，其子則「並遷代京。後分屬諸州，為城民」，[271] 子孫後代境遇極差。北涼儒學興盛，但其學術領袖卻不為北魏所用，因此正如李智君所論，河西學術對於北魏的學術影響是不可高估的。[272] 而隨同沮渠無諱一道撤入西域的張季宗、幼達、興明及宋氏等敦煌大族，繼續成為高昌北涼後裔政權的支持力量。

270　陳寅恪：《隋唐制度淵源略論稿》，第 2、19-41 頁。

271　《魏書》卷五二《劉昞傳》，第 1161 頁。

272　李智君：《西元四三九年：河隴地域學術發展的轉折點》，載《中國文化研究》2005 年夏之卷；《五涼時期移民與河隴學術的盛衰——兼論陳寅恪「中原魏晉以降之文化轉移保存於涼州一隅」説》，載《中國史研究》2006 年第 2 期。

　　（本文曾分為四篇論文單獨發表：(1)《敦煌大族與前凉王國》，載《內陸アジア言語の研究》XXIV，2009 年，第 93-129 頁；承蒙森安孝夫教授同意授權，修訂稿收入余欣主編《存思集：中古中國共同研究班論文萃編》，上海古籍出版社 2013 年版，第 21-57 頁。(2)《敦煌大族與前秦、後凉》，載《南京師大學報》2012 年第 2 期，第 54-59 頁。(3)《敦煌大族與西凉王國關係新探》，載《敦煌吐魯番研究》第 13 卷，上海古籍出版社 2013 年版，第 141-157 頁。(4)《敦煌大族、名士與北凉王國——兼論五凉後期儒學從大族到名士的轉變》，載《敦煌吐魯番研究》第 14 卷，上海古籍出版社 2014 年版，第 233-244 頁。(2)、(3)、(4)篇原本為一篇，題為《十六國後期敦煌大族的動向考析》，因刊物篇幅所限，遂分作三篇發表。這次收入本書時作了統一整合與修訂。二〇一三年六月十九日，蒙余欣教授邀請，本文內容曾以「十六國敦煌大族與河西地方政權」為題，在復旦大學中國中古史共同研究班上作過報告，得到諸同仁的指正，特表感謝！）

粟特人與五凉王國

　　著名的敦煌粟特文信札告訴我們，西晉永嘉（307-313）之亂及稍前，以凉州姑臧為大本營的粟特商人，在從中亞撒馬爾罕到京城洛陽甚至更東的地區，沿著絲綢之路開展商業貿易。經過中外學者的充分討論，該信札的年代已經被考定為三一二至三一三年。[1]對於這一年代，學界更多的是把它當作西晉末來看待，但西晉此時受到南匈奴的攻擊，都城洛陽失守，懷帝被俘，自顧不暇；而凉州刺史張軌統治河西已逾十年，尤其在經歷三〇八年張越、曹祛之亂後，已經具有了明

1　關於敦煌粟特文信札斷代的學術史，畢波《粟特文古信札漢譯與注釋》（載《文史》2004 年第 2 輯）有詳盡的梳理。其中持三一二至三一三年說的成果有 W. B. Henning，「The Date of the Sogdian Ancient Letters」，*Bulletin of the School of Oriental and African Studies, University of London*，XII-3/4，1948，pp.601-615；陳國燦：《敦煌所出粟特文信札的書寫地點和時間問題》，載《魏晉南北朝隋唐史資料》第 7 輯，1985 年；F. Grenet & N. Sims-Williams，「The Historical Context of the Sogdian Ancient Letters」，*Transition Periods in Iranian History*，Leuven，1987，pp.101-122.

顯的獨立性格，史稱「前涼」。[2]因此，與其把粟特文信札的時代視作西晉末，不如說在前涼初更為恰當。[3]傳世史籍也告訴我們，四三九年北魏攻克北涼都城姑臧，住在城內的粟特商人被魏軍俘虜，即《北史》卷九七《西域傳》「粟特國」條所言：「其國商人先多詣涼土販貨，及魏克姑臧，悉見虜。」從「先」字觀之，粟特商人在北涼滅國前就已經來到河西走廊進行貿易，這為上述前涼初敦煌粟特文信札所證實。

　　粟特文信札與傳世史籍記錄的時代分別為前涼初與北涼末，也就是說，在整個十六國五涼時期，有許多粟特人離開中亞本土，不遠萬里東來入華，來到河西走廊及整個中國境內從事商業貿易。此一時期，河西地區主要由五個稱「涼」的政權所統治，長達一個多世紀。這些生活在五涼王國的粟特人究竟是如何活動的？除貿易之外在政治上扮演了什麼角色？產生了怎樣的影響？學界對此探討甚少，而且五涼時期粟特人資料較為欠缺，族屬難辨，也造成了研究上的障礙，故而存在很大空白。[4]後藤勝在《河西王国の性格について》一文中專列

2　關於前涼割據政權的形成時間，學界有著不同的看法，如趙向群《五涼史探》之《前涼篇》（第 63 頁）認為從張寔時期（314-319）開始，而齊陳駿《略論張軌和前涼張氏政權》（載《蘭州大學學報》1981 年第 3 期）則說從張重華時期（346-353）起。但從 308 年張越、曹袪之亂可見，在張軌執政後期涼州已經顯現出了獨立的政權性格。

3　也有學者提到敦煌粟特文信札寫於前涼張軌時期，如陳連慶《漢唐之際的西域賈胡》（載《1983 年全國敦煌學術討論會文集（文史·遺書編）》，上冊，第 92 頁）說「寄書的年代，相當於前涼張軌之世」，畢波《粟特文古信札漢譯與注釋》（載《文史》2004 年第 2 輯）說「古信札即寫於張軌統治涼州之時」，但他們都未對粟特人與前涼的關係作進一步研究。

4　陸慶夫《略述五涼的民族分布及其融合途徑》（載《西北民族學院學報》1992 年第 1 期）對五涼時期的西域胡也是略有觸及。在一些河西史、特別是涉及五涼的民族史論著中，幾乎不提及五涼粟特人，如趙向群《五涼史探》之《補論篇》所收《十六國時期河西主要民族的地位與作用》（第 346-355 頁）只探討了羌、匈奴、漢族；白翠琴《魏晉南北朝民族史》（四川民族出版社 1996 年版）、周偉洲《中國中世西北民族關係研究》（廣西師範大學出版社 2007 年版）皆未及之。

「五涼王国と西域胡人」一節，雖然只舉出康妙、康盛、康寧、安據四人，但提出了粟特人對諸涼政權的滲透與歸化，以及定居涼州、從事東西貿易等觀點，[5]啟發我們對五涼粟特人作更加全面的深入研究。茲在蒐集各種零碎資料的基礎上，對之加以甄別考辨與深入挖掘，儘可能地展現五涼王國中的粟特人樣貌。

一、前涼王國中的粟特人

前涼是安定張軌創建的政權，在出於漢人之手的傳世史籍中，大多稱揚了張軌家族忠奉晉室、擎舉漢文化旗幟等特徵，這對於生存在北方胡族世界裡的前涼來說固然極為重要，但也容易掩蓋前涼統治下少數民族的活動蹤跡。撇開鮮卑、羌、氐等族不論，即以粟特人為例，上述粟特商人在張軌統治後期活躍於河西走廊乃至更為廣闊的絲路沿線地區，那麼他們或其後裔在前涼王國中究竟如何生存與活動？

（一）張軌時粟特人在河西的商業貿易

曹魏時期，一些「西域雜胡」來到敦煌貿易，太守倉慈主張公平交易，派人沿路護送，而且還給他們發放過所，東去京城洛陽。[6]到西晉末、前涼初，敦煌、武威等地聚集了更多的粟特人，從事商業貿易。二十世紀初，斯坦因（A. Stein）在敦煌西北長城烽燧 T. XII. a 遺址發現的粟特文信札，展現了粟特人在以前涼國都武威為中心的河西走

5　〔日〕後藤勝：《河西王国の性格について，《歷史教育》第 15 卷第 9、10 合併號，1967 年。

6　《三國志》卷一六《魏書・倉慈傳》，第 512 頁。

廊乃至更廣地域的商貿網絡。[7]根據辛姆斯・威廉姆斯（N. Sims-Williams）等學者的解讀，第 1、3 號信札的發出地是敦煌，發信人均為米薇（Miwnay），她在第 3 號信札中提到長官們說：「在這個敦煌（城裡），沒有比阿迪文（Artivan）關係更近的其他親戚了」，以及「我遵從你的命令來到敦煌」。[8]

　　如果說這兩封信札只是居住在敦煌的米薇給母親與丈夫的私信，尚少涉及商業話題，那麼第 2、5 號信札則是在居住姑臧的代理商向撒馬爾罕的主人（第 5 號言明是隊商首領）詳細報告了永嘉之亂前後粟特人、印度人在中國的貿易情況。第 2 號信札的發信人那你樊陀（Nanai-vandak）說：「自從我送索勒（Saghrak）和芬阿喝（Farn-āghat）到『內地』已經八年了」（圖 5-1），表明早在張軌統治涼州（301-314）初年，這些粟特人就已來華從事貿易。該信提到「當商隊離開姑臧」，[9]特別是第 5 號信札的發信人發黎呼到（Frī-khwatāw）說「我如今待在姑臧這兒」、「因為我還在姑臧效勞」，以及末署「寄自您的僕人發黎呼到。此

7　〔 法 〕É.de la Vaissière，*Histoire des Marchands Sogdiens*，Paris： Institut des Hautes Études Chinoises，Collège de France，2002，pp.48-76。

8　〔英〕辛姆斯・威廉姆斯、Emma WU 譯：《粟特文古信札新刊本的進展》，載榮新江、華瀾、張志清主編《粟特人在中國——歷史・考古・語言的新探索》，中華書局 2005 年版，第 72-87 頁。該書附有第 1 號信札正背兩面的黑白圖版。第 1、3 號信札的正面彩色圖版見 S.Whitfield & U. Sims-Williams (ed.)，*The Silk Road： Trade，Travel，War and Faith*，pp.248-249。

9　〔 英 〕N. Sims-Williams，「The Sogdian Ancient Letter II」，*Philologica et Linguistica：Historia，Pluralitas，Universitas：Festschrift für Helmut Humbach zum* 80. *Geburtstag am* 4. *Dezember* 2001(Herausgegeben von Maria Gabriela Schmidt und Walter Bisang unter Mitarbeit von Marion Grein und Bernhard Hiegl)，Wissenschaftlicher Verlag Trier，2001，p.271. 漢譯文參畢波《粟特文古信札漢譯與注釋》，載《文史》2004 年第 2 輯。

信於第三個月的第三十日寫於姑臧」，[10]證實了這兩封信札的發出地是前涼國都所在地涼州姑臧。這裡成了粟特商人從事絲綢之路中轉貿易的大本營。

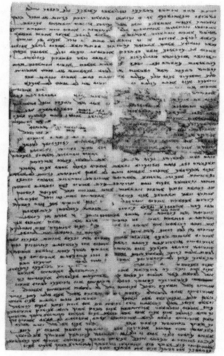

▲ 圖 5-1　敦煌出土粟特文第 2 號信札

《十六國春秋‧前涼錄》云：

10　F. Grenet，N. Sims-Williams & É.de la Vaissière，「The Sogdian Ancient Letter V」，*Bulletin of the Asia Institute*，XII，1998，p.93.漢譯文參畢波《粟特文古信札漢譯與注釋》，載《文史》2004 年第 2 輯。

　　張軌時，西胡致金胡瓶，皆拂菻作，奇狀，並人高，二枚。[11]

　　參照後世高昌國王麴文泰將拂菻狗進貢給唐高祖，而唐人又將之稱作康國猧子，[12]可知在西起拂菻、東至中國之間從事中轉貿易的「西胡」，應為以康國為宗主國的粟特胡商。羅豐對文獻記載與考古出土的金、銀胡瓶作過詳細考證，認為「『西胡』大約是指中亞粟特人，作為禮品將金胡瓶獻給張軌，以求安全通過這一地區以進行貿易」。[13]前涼時期，姑臧作為入華粟特胡商最重要的落腳地，囤聚了大量來自西域的商品。他們為了得到前涼政權的庇護，開展東西方之間的絲路貿易，向前涼國主張軌進貢產自地中海沿岸的拂菻的金胡瓶，自然是不足為奇的。

（二）敦煌粟特人曹袪與張軌的政治較量

　　三〇八年，張軌患染風疾，口不能言，以次子張茂攝理州事。涼州境內的敦煌張氏與曹氏、武威賈氏、西平麴氏與田氏等當地豪族，趁機聯合起來企圖取代張軌，以實現河西地區的本地化統治。王隱《晉書》云：「張軌為涼州刺史，敦煌曹袪上言軌老病，更請刺史。」[14]王隱生活在兩晉之際，「博學多聞，受父遺業，西都舊事多所諳究」，連東晉著作郎虞預撰寫《晉書》時也多訪求於王隱，甚至直接剽竊其書，[15]足見其與父親王銓合撰的《晉書》自有其價值在，所言曹袪為敦

11　《太平御覽》卷七五八《器物部三・瓶》，第 4 冊，第 3365 頁。

12　參叢振《西域「猧子」與唐代社會生活》，載《新疆師範大學學報》2012 年第 6 期。

13　羅豐：《北周李賢墓出土的中亞風格鎏金銀瓶——以巴克特里亞金屬製品為中心》，載《考古學報》2000 年第 3 期。該文收入《胡漢之間——「絲綢之路」與西北歷史考古》（第 81 頁）時，文字、語序略作改動，但意思仍同。

14　《太平御覽》卷三六六《人事部七・耳》，第 3 冊，第 1683-1684 頁。

15　《晉書》卷八二《王隱傳》，第 2142-2143 頁。

煌人當無疑義。《唐故隋酒城府鷹揚曹君及琅耶郡君安氏墓誌並序》云：「君諱諒，字叔子，濟陰定陶人，晉西平太守曹袪之後也。」[16]從曹、安二氏聯姻判斷，志主夫婦當是入華粟特人之後裔。榮新江亦持此論，但他説「由這方墓誌我們可以知道有曹姓粟特人入華後的著籍地在西平」，[17]則欠準確。曹袪實為敦煌人，西平是他的任職之地。墓誌稱曹諒為濟陰定陶人，當是其祖、父仕於北齊而遷居該地之故。曹袪在西晉朝廷中擔任尚書侍郎，後又出任西平太守，若非其祖上從中亞曹國東來入華已有時日，曹袪是不可能擔任這些高官的。王隱在曹袪名前冠書「敦煌」二字，表明粟特曹氏在兩晉之際已固定居住在敦煌，後來甚至形成了敦煌郡望。[18]

　　房玄齡等《晉書》卷八六《張軌傳》記載，「酒泉太守張鎮潛引秦州刺史賈龕以代軌，密使詣京師，請尚書侍郎曹袪為西平太守，圖為輔車之勢」。曹袪（又寫作「袪」）因在朝中為尚書侍郎，能方便地向晉懷帝上奏，請求另派涼州刺史，取代病重的張軌。他自己也迅速回

16　周紹良主編：《唐代墓誌彙編》永徽〇〇八，上冊，第135頁。

17　榮新江：《北朝隋唐粟特人之遷徙及其聚落補考》，載《歐亞學刊》第6輯，中華書局2007年版。該文收入《中古中國與粟特文明》（生活・讀書・新知三聯書店2014年版，第29頁）時，加注了安、曹二氏的中亞本國地名。

18　敦煌作為粟特曹氏入華後形成的郡望，在唐代墓誌中頗為常見，如《曹惠琳墓版文》云：「公諱惠琳，本望敦煌康氏也。……出酋豪之右」，見王仁波主編《隋唐五代墓誌彙編・陝西卷》，天津古籍出版社1991年版，第1冊，第159頁。從出自酋豪及曹、康聯姻來看，曹惠琳及其舅父曹元裕均為望出敦煌的粟特後裔。二〇一五年九月二十九日，筆者在日本東洋文庫做過題為「ソグド人と河西迴廊——資料と問題——」的特別講演會，山下將司教授對敦煌曹氏、建康史氏是否在西晉時已形成郡望提出疑問。筆者認為，建康史氏的郡望形成時代大致在北朝末，敦煌曹氏等其他郡望則產於隋唐時期，參馮培紅《北朝隋唐河西走廊時代格之一側面——外來民族、地域社會、國家權力交互影響下粟特人河西諸郡望的成立》，「重繪中古中國的時代格：知識、信仰與社會的交互視角」國際學術研討會提交論文，復旦大學，2014年11月7到11日。

到河隴，出任西平太守。在這場反張軌的鬥爭中，河西豪族集團的首
腦人物是敦煌大族張鎮、張越兄弟，《書斷》記載「敦煌有張越，仕至
梁州刺史，亦善草書」，[19]可知張氏兄弟是敦煌人，與曹祛為同鄉，他
們聯手對付張軌，是出於同一地域鄉黨集團的共同利益。面對河西大
族的聯合進逼，武威太守張琠派遣兒子張坦赴京為張軌上表請命，「張
坦至自京師，帝優詔勞軌，依〔司馬〕模所表，命誅曹祛。軌大悦，
赦州內殊死已下。命〔張〕寔率尹員、宋配步騎三萬討祛，別遣從事
田迴、王豐率騎八百自姑臧西南出石驢，據長寧。祛遣麴晃距戰於黃
阪。寔詭道出浩亹，戰於破羌。軌斬祛及牙門田囂」。[20]從晉廷下詔及
張軌討伐的對象看，曹祛是這次反對張軌的主要人物之一，足見西晉
末、前涼初河認為，這種割耳風俗源自粟特。西粟特人的勢力確實不
可小覷。[21]

　　此外，一些後世史料追述到張軌後期有史、康二姓粟特人進出河
西走廊。《元和姓纂》卷六「史」條首望為「【建康史氏】　今隸酒泉
郡。史丹裔孫，後漢歸義侯苞之後。至晉永嘉亂，避地河西，因居建

19　張懷瓘：《書斷》下《能品一百七人‧章草十五人‧趙襲》，載《法書要錄》卷九，
　　第 136 頁。《晉書》卷八六《張軌傳》（第 2223 頁）有「晉昌張越，涼州大族」之語，
　　據同書卷一四《地理志上》（第 434 頁）可知，西晉的晉昌郡是從敦煌、酒泉二郡析
　　置的，晉昌張越實即原敦煌張越。參馮培紅、孔令梅《漢宋間敦煌家族史研究回顧與
　　述評（中）》，載《敦煌學輯刊》2008 年第 4 期。

20　《晉書》卷八六《張軌傳》，第 2224 頁。該傳第 2225 頁記載張琠統領「胡騎二萬」，
　　吳玉貴《涼州粟特胡人安氏家族研究》（載《唐研究》第 3 卷，北京大學出版社 1997
　　年版）說「固然不排除有其他胡人的可能，但是其中應該也有西域粟特胡人集團」。
　　該傳第 2223 頁又載，「治中楊澹馳詣長安，割耳盤上，訴軌之被誣，模乃表停之」。
　　雷聞《割耳劓面與刺心剖腹——從敦煌 158 窟北壁涅槃變王子舉哀圖說起》（載《中
　　國典籍與文化》2003 年第 4 期）認為，這種割耳風俗源自粟特。

21　此外，《晉書》卷一〇七《石季龍載記下》（第 2781 頁）記載前涼護軍曹權，不知與
　　曹祛有何關係，是否亦為敦煌粟特人之後裔？

康」。[22]寧夏固原出土的粟特人史索岩、史道德墓誌，均稱其為「建康飛橋人」，東遷到了原州，[23]可證建康史氏為粟特人無疑。《梁書》卷一八《康絢傳》云：「其先出自康居。初，漢置都護，盡臣西域，康居亦遣侍子待詔於河西，因留為黔首，其後即以康為姓。晉時隴右亂，康氏遷於藍田。」粟特史、康二氏在永嘉之亂時進出河西，與西晉末五胡入華的時代形勢及前涼初粟特人的活動背景是相契合的。

（三）姑臧祆教徒與張寔之死

三一四年張軌卒，長子張寔立，他在執政六年後為一幫左道之徒所殺：

初，寔寢室梁間有人像，無頭，久而乃滅，寔甚惡之。京兆人劉弘者，挾左道，客居天梯第五山，然燈懸鏡於山穴中為光明，以惑百姓，受道者千餘人，寔左右皆事之。帳下閻沙、牙門趙仰皆弘鄉人，弘謂之曰：「天與我神璽，應王涼州。」沙、仰信之，密與寔左右十餘人謀殺寔，奉弘為主。寔潛知其謀，收弘殺之。沙等不之知，以其夜害寔。[24]

22　林寶：《元和姓纂（附四校記）》卷六「史」條，第 2 冊，第 822 頁。本文列舉了前涼時五位史姓人物，另外明確標為建康郡人的有後涼史惠與北涼史豫、史瀟父子（見《晉書》卷一二二《呂光載記》，第 3061 頁；《周書》卷二八《史寧傳》，第 465 頁）。甘肅省高臺縣羅城鄉地埂坡 4 號墓前室北壁繪有魏晉時期頭戴尖頂帽、鬚髮濃密的胡人形象（見徐光冀主編：《中國出土壁畫全集》第 9 冊《甘肅　寧夏　新疆》，科學出版社 2012 年版，第 36 頁），為粟特人生活在建康郡（治今高臺縣駱駝城）提供了證據。又參園田俊介《河西畫像磚墓にみえる胡人図像——魏晉期の酒泉を中心として——》，載《西北出土文獻研究》第 5 輯，2007 年。

23　《史索岩墓誌銘並序》稱其為「建康飛橋人也。其先從宦，因家原州」；《史道德墓誌並序》亦稱「其先建康飛橋人事（氏）」，見羅豐《胡漢之間——「絲綢之路」與西北歷史考古》伍之十九《隋唐史氏墓誌》，第 440、468 頁。

24　《晉書》卷八六《張軌附張寔傳》，第 2230 頁。

劉弘在姑臧城南的天梯第五山中招聚了千餘名信徒，甚至連張寔身邊的闔沙、趙仰等十餘人都宗奉之，勢力頗大，圖謀殺害張寔，稱王涼州。從「然燈懸鏡於山穴中為光明」的宗教儀式看，不少學者認為是祆教，[25]天梯第五山為其重要聖地。[26]

尤可注意者，《資治通鑑》卷九一東晉元帝太興三年（320）條提到一位誅滅劉弘的牙門將史初：

> 寔弟茂知其謀，請誅弘。寔令牙門將史初收之，未至，涉（《晉書》作「沙」）等懷刃而入，殺寔於外寢。弘見史初至，謂曰：「使君已死，殺我何為！」初怒，截其舌而囚之，輾於姑臧市，誅其黨與數百人。

作為張寔的親信，史初極可能也是一位祆教徒，對同教中人的密謀活動當有所了解；但他大概是河西建康的粟特人，與來自京兆的他族祆教徒不屬同一集團，[27]故將劉弘及其黨羽一舉誅滅。西晉滅亡前夕，愍帝密遣黃門郎史淑至涼州，任命張寔為大都督、涼州牧。寇克紅將史淑視作為漢人，[28]可能是考慮他來自長安之故，其實不無粟特後裔之嫌疑，或許就屬於建康史氏，才被派至河西本土。

關於張寔被害之事，《魏書》卷九九《私署涼州牧張寔傳》有一則謠讖：「蛇利炮，蛇利炮，公頭墜地而不覺。」蛇利或即舍利，為梵文

25　饒宗頤：《穆護歌考——兼論火祆教入華之早期史料及其對文學、音樂、繪畫之影響》，載《選堂集林　史林》，中華書局香港分局 1982 年版，中冊，第 479-480 頁；王素：《魏晉南朝火祆教鉤沉》，載《中華文史論叢》1985 年第 2 輯。

26　陳國燦：《敦煌學史事新證》之《魏晉至隋唐河西胡人的聚居與火祆教》，第 89 頁。

27　劉弘來自京兆，從其姓氏、地域看，或許與匈奴劉氏有關。

28　寇克紅：《建康史氏考略》，載《社科縱橫》2008 年第 10 期。

Śarīra 的漢文音譯，但榮新江揭出庫車文書 D. A. 107《付糧歷》中有兩處「曹舍利」，言其很可能是譯自粟特文，為曹姓粟特人。[29] 果若如此，粟特人信仰祆教，似可佐證張寔確為祆教徒所害。

《唐故明威府隊正紇單端墓誌銘》記其夫婦去世後，「合葬於州南十八里第五山之原、胡村之界」，[30] 則知涼州姑臧城南天梯第五山有個胡村。陳國燦說：「劉弘客居的天梯第五山，唐時尚為胡村地界，是胡人聚居的村落，這恐怕在晉末已是如此。」[31] 連繫後涼時京兆段業也隱居於天梯山，且與劉弘及閻、趙諸人為同鄉，後來出任建康太守並得到該郡粟特人史惠的支持，脫離後涼，建國北涼，也從側面印證了天梯第五山有一批來自京兆的祆教徒。他們大概和建康史氏一樣，因避永嘉之亂而西來河西。

張寔被害後，弟張茂繼立。當時，前趙劉曜遣軍西攻前涼，「臨洮人翟楷、石琮等逐令長，以縣應曜，河西大震」。[32] 翟、石二氏為胡人無疑，前者出自丁零，後者可能是粟特人。[33]

（四）張駿經營西域與粟特人

29　榮新江：《西域粟特移民聚落補考》，載《西域研究》2005 年第 2 期。並參 Trombert, É.& Ikeda On & Zhang Guangda, *Les Manuscrits Chinois de Koutcha : Fonds Pelliot de la Biliothèque Nationale de France*, Paris： Institut des Hautes Études Chinoises du Collège de France，200，p.94，pi. 107。「舍利」除了作為人名外，還用作為姓，見林寶《元和姓纂（附四校記）》卷九「舍利」條（第 2 冊，第 1327 頁），但出自北蕃。

30　「五」、「胡」二字，王其英主編《武威金石錄》（蘭州大學出版社 2001 年版，第 29 頁）錄作「三」、「明」。據該書圖版觀察，後一字當為「胡」。陳國燦《敦煌學史事新證》之《魏晉至隋唐河西胡人的聚居與火祆教》（第 87 頁）亦錄作「第五山之原、胡村之界」。

31　陳國燦：《敦煌學史事新證》之《魏晉至隋唐河西胡人的聚居與火祆教》，第 90 頁。

32　《晉書》卷八六《張軌附張茂傳》，第 2231 頁。

33　姚薇元《北朝胡姓考（修訂本）》（中華書局 1962 年版，第 154-155、381-384、416-417 頁）列有三處石氏，出自鮮卑、粟特二族，尤以粟特居多。

　　三二四年張茂卒，侄張駿即位。在他執政時期，極力擴張勢力，向東收復河南地，向西經略西域。三二七年設立高昌郡，[34]三三五、三四五年兩度派楊宣出征龜茲、鄯善、焉耆等國，[35]設沙州轄領西域，「以西胡校尉楊宣為刺史」。[36]張駿經營西域的結果是，「西域諸國獻汗血馬、火浣布、犛牛、孔雀、巨象及諸珍異二百餘品」，所得玉璽題曰「執萬國，建無極」，[37]充分顯示了前涼在西域的影響力。張駿墓後來被粟特人安據等盜掘，陪葬品中有「真珠簾、琉璃榼、白玉樽、赤玉簫、紫玉笛、珊瑚鞭、馬腦鐘，水陸奇珍不可勝紀」。[38]這些被盜珍寶主要來自西域，[39]應當就是粟特人販運到河西的，於此可以想見前涼張駿與西域諸國之間的經濟貿易獲得了空前發展。[40]

　　斯坦因在樓蘭發掘了一些粟特文文書及簡牘，其中編號為 L. A. I.

34　徐堅等輯：〈初學記〉卷八〈州郡部〉「隴右道第六」條注引〈輿地志〉曰：「晉咸和二年（327），置高昌郡」，上冊，第 181 頁。〔日〕山口洋：〈高昌郡設置年代考〉，載《小田義久博士還歷記念東洋史論集》，第 29-50 頁。

35　參白須淨真〈《前涼‧張駿の行政區畫改編と涼州‧建康郡の設置——改編年次に係わる司馬光の見解と考古資料による新見解》，載《敦煌寫本研究年報》第 8 號，2014 年。

36　〈資治通鑑〉卷九七，東晉穆帝永和元年（345）條，第 3068 頁。

37　〈晉書〉卷八六〈張軌附張駿傳〉，第 2235、2237 頁。

38　〈晉書〉卷一二二〈呂纂載記〉，第 3067 頁。

39　〔美〕E. H. Schafer, *The Golden Peaches of Samarkand*：*A Study of T'ang Exotics*（Berkeley and Los Angeles： University of California，1963，pp.222-247）列有 Jade（玉）、Glass（玻璃）、Pearls（真珠）、Coral（珊瑚），在 Lapis Lazuli（天青石）條提到了 Carnelian（瑪瑙）。

40　《晉書》卷一〇五下〈石勒載記下〉云：「涼州牧張駿遣長史馬詵奉圖送高昌、于闐、鄯善、大宛使，獻其方物」，第 2747 頁。這裡雖未提到粟特使節，但前涼在西域諸國與後趙之間開展中轉貿易，粟特人應該也發揮了積極作用。關於五涼王國與西域貿易，參後藤勝《河西王国の性格について》，《歷史教育》第 15 卷第 9、10 合併號，1967 年。

iii. 1——沙木 886 的簡牘題寫（圖 5-2）：

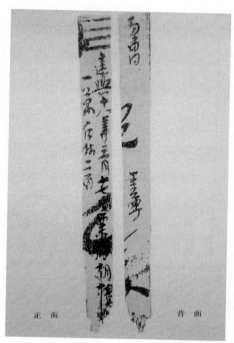

▲ 圖 5-2　L. A. I iii. 1——沙木 886 簡牘

1. 建興十八年（330）三月十七日，粟 特 胡樓 蘭 ☐☐
2. 　　一萬石，錢二百。[41]

「特」字為墨跡所塗，「蘭」字下部筆畫殘損，但據殘存筆跡及上下文

41　侯燦、楊代欣：《樓蘭漢文簡紙文書集成》，第 1 冊，第 61 頁。

義尚可判斷出來。[42]建興是前涼奉用的西晉愍帝之年號。[43]胡平生指出，「建興十八年三月十七日入庫糧食一萬石、錢二百錢，糧食與錢得自樓蘭地方的『粟特胡』。我們懷疑這些糧食、錢幣是前涼駐軍以租賦形式從『粟特胡』那裡徵集來的」。[44]顯然，此時有相當數量的粟特胡人居住在前涼統治下的樓蘭。吉田豐進一步揭出大谷文書粟特文 6117 號，認為與撰於三二八年的李柏文書一同出土於樓蘭。[45]果若如此，就更可證實張駿時樓蘭地區有粟特聚落的存在。

（五）張天錫政權中粟特人的崛起

三六三年張天錫弒姪玄靚，奪位自立，成為前涼末主。此時有不少粟特人仕於前涼，躋身宦途。

史載張天錫遣使東晉，「遣從事中郎韓博、奮節將軍康妙奉表，並送盟文」。[46]韓博的口才受到桓溫稱賞，自然是極佳的使節人選；而康妙之所以能夠一同出使，或如陳國燦所説：「為前涼充使於晉的康妙，應是久居涼州的康居胡人，或許由於他有過往來西北作商旅的經歷而

42　〔法〕Édouard Chavannes，*Les Documents Chinois Découverts par Aurel Stein dans les Sables Turkestan Oriental*（Oxford： Imprimerie de l' Université，1913，p.182，NO. 886.——LA. i. iii. 1)未能識讀。

43　《晉書》卷八六《張軌附張駿傳》云：「太寧元年（323），駿猶稱建興十二（三）年」；耿訪「以咸和八年（333）始達涼州。駿受詔，遣部曲督王豐等報謝，並遣陵歸，上疏稱臣，而不奉正朔，猶稱建興二十一年」，第 2234、2238-2239 頁。

44　胡平生：《樓蘭出土文書釋叢》，載《文物》1991 第 8 期。

45　〔日〕Yoshida Yutaka，「Additional Notes on Sims-Williams' Article on the Sogdian Merchants in China and India」，*Cina e Iran da Alessandro Magno alla Dinastia Tang*（a cura di Alfredo Cadonna e Lionelle Lanciotti)，Firenze： Leo S.Olschki Editore，Mcmxcvi，1994，pp.69-70。並參百濟康義、ヴェルナー・ズンダーマン、吉田豐《イラン語斷片集成：大谷探檢隊收集，龍谷大學所藏中央アジア出土イラン語資料——解説編》，龍谷大學，1997 年，第 105- 106 頁。

46　《晉書》卷八六《張軌附張天錫傳》，第 2251 頁。

遣。」[47]康妙當為粟特人，因其具備胡語才能與商旅經驗，得以順利巧妙地通過前涼與東晉之間的其他國家。

《漸備經十住梵名並書敘第三》云：

　　護公出《光贊》，計在《放光》前九年，不九年當八年，不知何以遂逸在涼州。……泰元元年歲在丙子（376）五月二十四日，此經達襄陽。釋慧常以酉年因此經寄互市人康兒，輾轉至長安。長安安法華遣人送至互市，互市人送達襄陽。[48]

酉年為三七六年稍前的癸酉年，即東晉寧康元年（373）。朱雷據之考察了從前涼姑臧到前秦長安，再到東晉襄陽的交通路線，涼州互市人康兒與長安安法華均為粟特人，在溝通十六國與東晉之間的商業貿易及佛教傳播上扮演了中介角色。[49]由此我們聯想到，東晉成帝拜張駿為鎮西大將軍，「以詔書付賈陵，托為賈客。到長安，不敢進，以咸和八年（333）始達涼州」。[50]朱氏認為「托為賈客」就是偽裝成互市人。

　　陝西省博物館藏有一件升平十三年（369）的前涼金錯泥筩，所刻文字中有一位「舍人臣史融」。[51]三七六年前秦軍隊攻至河西，前涼「中衛將軍史景亦沒於陣」。[52]《三十國春秋·簡文帝》云：「太元元年

47　陳國燦：《敦煌學史事新證》之《魏晉至隋唐河西胡人的聚居與火祆教》，第 77 頁。

48　釋僧祐：《出三藏記集》卷九，中華書局 1995 年版，第 332-333 頁。

49　朱雷：《東晉十六國時期姑臧、長安、襄陽的「互市」》，原載《古代長江中游的經濟開發》，武漢出版社 1988 年版；此據《敦煌吐魯番文書論叢》，甘肅人民出版社 2000 年版，第 327-336 頁。

50　《晉書》卷八六《張軌附張駿傳》，第 2238-2239 頁。

51　秦烈新：《前涼金錯泥筩》，載《文物》1972 年第 6 期。

52　《晉書》卷八六《張軌附張天錫傳》，第 2252 頁。

（376），涼亡。涼天水太守史稜暴疾死。」[53]這三位史姓人物在前涼末擔任內外官職，他們與前述史淑、史初一樣，極可能是前涼初移居到河西建康的史氏之後裔，反映了粟特史氏在前涼政治舞臺上的崛起。

二、後涼王國中的粟特人

三七六年，前秦苻堅擊滅前涼，統一黃河流域，並對西域也產生了影響。史載，「先是，梁熙遣使西域，稱揚堅之威德，並以繒彩賜諸國王，於是朝獻者十有餘國」；稍後，「鄯善王、車師前部王來朝，大宛獻汗血馬，肅慎貢楛矢，天竺獻火浣布，康居、于闐及海東諸國，凡六十有二王，皆遣使貢其方物」，[54]這裡提到了康居國，足見前秦的聲威已經波及蔥嶺以西的粟特地區。前秦境內也有粟特人生活，[55]有的出仕於前秦政權。[56]三八三年，苻堅派遣呂光率軍遠征西域，《晉書》卷一二二《呂光載記》云：

堅既平山東，士馬強盛，遂有圖西域之志，乃授光使持節、都督西討諸軍事，率將軍姜飛、彭晃、杜進、康盛等總兵七萬，鐵騎五

53　蕭方等著，湯球輯補：《三十國春秋輯本》，中華書局 1985 年版，第 11 頁。

54　《晉書》卷一一三《苻堅載記上》，第 2900、2904 頁。

55　立於建元三年（367）的《鄧艾祠堂碑》所列諸族中即有「粟特」，見趙平編《中國西北地區歷代石刻彙編》第 1 冊，天津古籍出版社 2000 年版，第 33 頁。《太平御覽》卷三六三《人事部・字》（第 2 冊，第 1672 頁）引車頻《秦書》曰：「苻（苻）堅時，四夷賓服，湊集關中，四方種人，皆奇貌異色。晉人為之題目：『胡人為側鼻，……』」側鼻胡人與東夷、北狄、西南蠻相併舉，是指高鼻之西域胡人，胡貌特徵最為明顯，其中就應包括粟特人。

56　如太史令康權、尚書石越、將軍康盛，見《晉書》卷一一二《苻生載記》、卷一一四《苻堅載記下》、卷一二二《呂光載記》，第 2879、2914、3054 頁。

千，以討西域。

姜飛、彭晃當是隴右羌族，[57]杜進為關中漢族，康盛則應出自粟特，他擅長胡語，熟悉西域，可以在西征的軍事行動中發揮長處。呂光攻克龜茲後，「王侯降者三十餘國……諸國憚光威名，貢款屬路，乃立帛純弟震為王以安之。光撫寧西域，威恩甚著，桀黠胡王昔所未賓者，不遠萬里皆來歸附，上漢所賜節傳，光皆表而易之」。呂光西征的實質性影響，比起前秦攻滅前涼、梁熙出刺涼州要大得多，也刺激了粟特等西域胡人的東來。三八五年，呂光揮師東返，在酒泉一舉擊潰了涼州刺史梁熙之子梁胤等人所率的軍隊，「於是四山胡夷皆來款附」，[58]此處之「胡夷」或應包括粟特人。

　　呂光家族與石氏互相聯姻。屠喬孫、項琳輯《十六國春秋》卷八四《後涼錄·光妻石氏》載其為「略陽氐人也」。[59]三八九年呂光稱三河王，「光妻石氏、子紹、弟德世至自仇池」，又有外甥石聰以及西安太守石元良。[60]唐長孺指出：「仇池更是氐人所聚居，他的妻子就很可能為氐人；《載記》又稱光甥石聰，更可見呂、石二姓互為婚姻，疑非同族不能。」[61]然而，因屠、項輯本沒有註明史料來源，所記呂光妻石

57　彭氏以羌族最為多見，但姚薇元《北朝胡姓考（修訂本）》列有羌、盧水胡二族，第349、396頁；《晉書》卷一一五《苻登載記附索泮傳》記其臨刑時説到「逆氐彭濟」，第2954頁。

58　《晉書》卷一二二《呂光載記》，第3055-3056頁。

59　屠喬孫、項琳輯：《十六國春秋》卷八四《後涼錄·光妻石氏》，載文淵閣《四庫全書》史部載記類，第463冊，第995頁。

60　《晉書》卷一二二《呂光載記》，第3058-3062頁。

61　唐長孺：《魏晉南北朝史論叢》之《魏晉雜胡考》，第417頁。魏軍剛《後涼呂氏家族婚姻述論》（載《天水師範學院學報》2013年第6期）亦持此觀點。

氏為略陽氏人是否準確，還有可疑之處，[62]吳玉貴疑其為粟特人。[63]

　　如果說呂光的妻族石氏是否為粟特人尚不能完全確定的話，那麼自稱匈奴王的康寧則必為粟特人無疑。《晉書》卷一二二《呂光載記》云：

　　　　光西平太守康寧自稱匈奴王，阻兵以叛，光屢遣討之，不捷。

姚薇元、唐長孺、陳國燦、吳玉貴等皆認為康寧是粟特人，[64]唐氏還說：「這個康寧自稱匈奴王，大概早先隸屬於匈奴。」《北史》卷九七《西域傳》「粟特國」條云：「先是，匈奴殺其王而有其國，至王忽倪，已三世矣」。再從粟特東遷進入匈奴及其密切關係來看，這是完全可能的。張掖太守彭晃謀叛，「晃東結康寧，西通王穆」。[65]呂光果斷向西出兵，一舉鎮壓了彭晃、王穆，但對西平太守康寧則似無如之何，這大概是康寧在河湟地區勢力較大之故。西平作為絲綢之路青海道上的重

62　屠、項輯本對許多人物都編列小傳，註明其籍貫。該輯本主要依據《晉書・載記》，但載記僅敘國主之籍貫，對於其他人物則多未列明，疑屠、項輯本所敘諸人籍貫多屬自擬，有些並不可信，如前涼前期的陰澹，屠、項輯本作敦煌人，但實為武威人，後因其弟陰鑒遭到張駿迫害而西徙敦煌。參馮培紅《敦煌大族與前涼王國》，載《內陸アジア言語の研究》XXIV，2009 年。

63　吳玉貴：《涼州粟特胡人安氏家族研究》，載《唐研究》第 3 卷，1997 年。

64　姚薇元：《北朝胡姓考（修訂本）》，第 408 頁；唐長孺：《魏晉南北朝史論叢》之《魏晉雜胡考》，第 422-423 頁；陳國燦：《敦煌學史事新證》之《魏晉至隋唐河西胡人的聚居與火祆教》，第 77 頁；吳玉貴：《涼州粟特胡人安氏家族研究》，載《唐研究》第 3 卷，1997 年。

65　《晉書》卷一二二《呂光載記》，第 3058 頁。

要據點，[66]向來是入華粟特人及其後裔的聚居地。霍巍考察了漢唐之間粟特人與青海道的關係，[67]但五凉一段卻屬空白，遺漏了康寧這條重要的史料。《大唐故平□□□戍主康續墓誌銘並序》追述道：「東晉失圖，康國跨全凉之地。控弦飛鏑，屯萬騎於金城；月滿塵驚，辟千營於沙塞。舉蔥岩而入款，寵駕侯王。」[68]「東晉失圖」是指偏安江南的東晉丟失了北中國的江山，十六國時代的西北進入五凉時期，來自中亞的粟特康國人在河隴地區形成聚落，甚至擁有一支軍事武裝，這讓我們聯想到前凉武威太守張琠統率的二萬胡騎。墓誌所稱康國雖有誇大之嫌，但蜀漢後主劉禪詔中提到包括移居河西的康居聚落在內的「凉州諸國王」，[69]可見其淵源有自。陳國燦說：「如果理解成在十六國期間，康居集團及其武裝的足跡遍及五凉政權各地，也無不可。」[70]金城與西平相毗鄰，這個跨據全凉的康國很可能就是後凉西平太守康寧的勢力集團，他割據獨立，自稱匈奴王。三九九年年底，呂纂弒殺新立國主呂紹，又擊敗呂弘，後者出奔廣武，翌年初為呂方所執，「纂遣力士康

66　關於西平之粟特人，參榮新江《中古中國與粟特文明》之《北朝隋唐粟特人之遷徙及其聚落補考》，第 28-30 頁。一九五六年，西寧城隍廟街出土了七十六枚波斯薩珊朝銀幣，為粟特人在此貿易乃至居留提供了佐證。參趙生琛《青海西寧發現波斯薩珊朝銀幣》，載《考古通訊》1958 年第 1 期；夏鼐：《青海西寧出土的波斯薩珊朝銀幣》，載《考古學報》1958 年第 1 期。吉田豐《西安新出史君墓誌的粟特文部分考釋》（載《粟特人在中國——歷史、考古、語言的新探索》，第 29、34 頁）指出，史君之母生於西平（Senpen），其父母在西平結婚；但王丁《中古碑誌、寫本中的漢胡語文札記（一）》（載羅豐主編《絲綢之路上的考古、宗教與歷史》，文物出版社 2011 年版，第 235-236 頁）傾向於將 Senpen 解讀為「新平」。

67　霍巍：《粟特人與青海道》，載《四川大學學報》2005 年第 2 期。

68　周紹良主編：《唐代墓誌彙編》調露〇〇八，上冊，第 658 頁。

69　《三國志》卷三三《蜀書·後主傳》裴松之注引《諸葛亮集》記載三國蜀漢後主劉禪在建興五年（227）詔云：「凉州諸國王各遣月支、康居胡侯支富、康植等二十餘人詣受節度，大軍北出，便欲率將兵馬，奮戈先驅」，第 895 頁。

70　陳國燦：《敦煌學史事新證》之《魏晉至隋唐河西胡人的聚居與火祆教》，第 82 頁。

龍拉殺之」，[71]康龍亦當為粟特人。

　　呂光統治末年，建康「郡人高遠、史惠」勸説並擁立太守段業建立北涼，足見史惠在本郡擁有不可小覷的勢力，屬於建康史氏之粟特人。四〇一年，後秦大將姚碩德率軍進攻姑臧，後涼末主呂隆請降，「於是遣母弟愛子文武舊臣慕容築、楊穎、史難、閭松等五十餘家質於長安」，[72]作為後涼重臣的史難極可能也是粟特人。

　　呂纂統治期間，發生了一起盜掘前涼舊主張駿墓的事件：

　　　即序胡安據盜發張駿墓，見駿貌如生，得真珠簏、琉璃榼、白玉樽、赤玉簫、紫玉笛、珊瑚鞭、馬腦鐘，水陸奇珍不可勝紀。纂誅安據黨五十餘家，遣使弔祭駿，並繕修其墓。[73]

《尚書·禹貢》中説「織皮、崑崙、析支、渠搜，西戎即敍」，[74]即序就是即敍，「即序胡」是指西戎諸國的胡人，從其姓安來看，顯然就是粟特人。《元和姓纂》卷四「安」條云：「【姑臧涼州】出自安國，漢代遣子朝國，居涼土。後魏安難陀至孫盤娑羅，代居涼州，為薩寶。生興貴」，[75]可知涼州武威安氏確為來自中亞安國的粟特人。漢代遣子朝貢之事邈不可征，其可信的世系當從北魏安難陀算起，而後涼的盜墓賊安序恰好填補了十六國武威安氏之一環。安據一黨有五十餘家，可

71　《晉書》卷一二二《呂纂載記》，第 3066 頁。

72　《晉書》卷一二二《呂光、呂隆載記》，第 3061、3070 頁。

73　《晉書》卷一二二《呂纂載記》，第 3067 頁。

74　阮元校刻：《十三經注疏（附校勘記）》之《尚書正義》卷六《夏書·禹貢第一》，中華書局 1980 年版，上冊，第 150 頁。

75　林寶：《元和姓纂（附四校記）》卷四「安」條，第 1 冊，第 500 頁。關於涼州武威安氏，參吳玉貴《涼州粟特胡人安氏家族研究》，載《唐研究》第 3 卷，1997 年。

見在武威形成了聚落。其所盜之寶主要來自西域，應當就是以粟特為主的西戎胡人販運到河西的。

　　據《隋故燕山府鷹擊郎將曹慶珍墓誌銘》記載，「十四世祖晃，漢太中大夫、鎮西大將軍、涼州刺史。遭呂祿之亂，因居涼州姑臧縣焉，君其後也」。[76]「呂祿」之「祿」字，右下角殘缺，但從左半邊及右上部筆跡看，應為「祿」字。但呂祿是西漢初人，[77]此時涼州尚為匈奴所統治，而曹晃所任官職均設於漢武帝以後，[78]所以呂祿與曹晃並非同時代人。很可能是曹晃遷居到涼州武威姑臧縣，與後世某位呂姓人物有關，卻被嫁接到了呂祿身上。墓誌記載曹慶珍卒於唐貞觀四年（630），按三十年為一代計算，往前推十四代，約在東漢獻帝建安十五年（210）左右。若此，曹晃與曹操為同時代人。當漢末之時，所謂「呂□之亂」可能是指呂布之亂。[79]另一種可能是指後涼呂光占據河

76　二〇一五年八月二十二日，筆者赴武威市文廟考察此墓誌，得到武威市文物局王樹華局長及武威市博物館諸位同仁的關照，在庫房內觀摩碑石，在此表示感謝！圖版與錄文見王其英主編《武威金石錄》，第24頁，但該書圖版頗小，錄文亦有錯漏，如「太中大夫」之「太」錄作「大」，「呂祿」之「祿」錄作「□」。

77　關於呂祿之亂，參《漢書》卷三《高后紀》，第100頁。

78　《漢書》卷一九上《百官公卿表上》（第727頁）記載，太中大夫是九卿中的郎中令（即光祿勛）之屬官，「大夫掌論議，有太中大夫、中大夫、諫大夫，皆無員，多至數十人。武帝元狩五年（西元前118）初置諫大夫，秩比八百石，太初元年（前104）更名中大夫為光祿大夫，秩比二千石，太中大夫秩比千石如故」。鎮西大將軍始見於漢末，如《三國志》卷六《魏書・董卓傳》（第182頁）記載，初平三年（192），韓遂為鎮西將軍，駐於涼州；到曹魏時，曹真、鄧艾、鍾會、衛瓘等皆曾任鎮西將軍，見卷二《魏書・文帝紀》、卷四《陳留王紀》，第79、149、150頁。《漢書》卷六《武帝紀》（第197頁）記載，元封五年（前106）四月，「初置刺史部十三州」，其中有涼州刺史部。

79　《三國志》卷七《魏書・呂布傳》記其刺殺董卓，「畏惡涼州人，涼州人皆怨」，第220頁。而曹晃曾任涼州刺史，或許與董卓集團頗有淵源。呂布又與曹操為敵，終為後者所殺，故可稱作亂。

西，施行殘暴統治，曹晃在此時遷居涼州武威郡姑臧縣。筆者推測曹慶珍即曹珍，是隋末割據河西的李軌大涼國的首要謀主，極可能是一位粟特人。[80]參據十六國時期粟特人入華的情況，其祖先曹晃在後涼時來到並定居在河西，也是不無可能的。

　　還應注意的一點，是後涼國主呂光父子均曾自稱「天王」。三八九年呂光稱三河王，到三九六年進稱天王。三九九年，「光疾甚，立其太子紹為天王，自號太上皇帝」。[81]以後呂纂、呂隆相繼上臺，亦皆稱天王。谷川道雄考察十六國時代稱天王者，有後趙、前秦、後秦、後涼、後燕、北燕、夏諸國。[82]唐長孺指出，後趙石氏出自於中亞地區的粟特石國，其信奉的「胡天」為祆教，[83]所稱用的天王名號當與祆教胡天有關。[84]谷川氏指出在以上七國中，只有「後涼的各個君主都自稱天王」，而其他各國則是天王與皇帝相混用。後涼諸君始終如一地自稱天

80　馮培紅：《〈隋故燕山府鷹擊郎將曹慶珍墓誌銘〉考釋》，二〇一五敦煌論壇：敦煌與中外關係國際學術研討會暨中國敦煌吐魯番學會會員代表大會提交論文，二〇一五年八月十三至十六日。另參吳玉貴《涼州粟特胡人安氏家族研究》，載《唐研究》第 3 卷，1997 年。

81　《晉書》卷一二二《呂光載記》，第 3063 頁。

82　〔日〕谷川道雄：《隋唐帝國形成史論》第 3 編第 3 章「五胡十六国，北周における天王の称号」，築摩書房 1971 年版，第 319-331 頁。

83　唐長孺：《魏晉南北朝史論叢》之《魏晉雜胡考》，第 414-417 頁。

84　《晉書》卷一〇五《石勒載記下》云：「群臣固請，勒乃以咸和五年（330）僭號趙天王」；卷一〇六《石季龍載記上》載其於三三五年上臺後，群臣勸稱尊號，他下書言「且可稱居攝趙天王」；後來「依殷周之制，以咸康三年（337）僭稱大趙天王」，第 2746、2762、2765 頁。由此可見，石勒、石季龍早已稱趙天王或居攝趙天王，當時並未提及殷周之制，直到三三七年才借用此制，只不過是石季龍從中國傳統古制中找了個合理的藉口罷了。換言之，出自粟特的後趙石氏稱天王，應當是受到其所崇拜的祆教胡天的影響。因此谷川道雄《隋唐帝國形成史論》（第 327 頁）說「毫無疑問，五胡時代所用的天王稱號是沿襲於周代」，並不準確。類似的情況參畢波《中古中國的粟特胡人——以長安為中心》（中國人民大學出版社 2011 年版，第 51-52 頁）對北齊、北周崇拜西域祆教胡天的解釋。

王，或許也與河西走廊粟特人眾多、祆教勢力發達有關，甚至可以遠追至前秦末呂光的遠征，與西域建立起了密切的連繫。

三、三涼鼎峙時期的粟特人

陳連慶在考察漢唐西域賈胡時，對十六國涼州地區的粟特胡人有所關注，稱「這一時期西域胡人直接參預了政治活動，這是前所未有的」，但只列舉了前涼、後涼時的康妙、康寧、康龍三人。[85]至於鼎足對峙的南涼、北涼、西涼，除了史載北涼末大批粟特商人被北魏俘虜外，其他則極少見到粟特人的蹤影。下面通過鉤稽傳世史籍出土文書，儘可能地展現此一時期河隴粟特人的生存狀況。

後涼末，境內諸族紛紛起兵，反抗呂氏暴政，相繼出現了南涼、北涼、西涼三個政權。在這三國之中，鮮卑族禿髮烏孤創建的南涼立國最早，三九五年定都於廉川堡，兩年後自稱西平王，隨即攻陷後涼樂都、湟河、澆河三郡，「嶺南羌胡數萬落皆附之」，[86]這些聚集在祁連山以南湟水流域的胡人，或許與上文提到後涼初年的西平太守康寧粟特人有關。《晉書》卷一二六《禿髮烏孤載記》提到兩位部將石真若留、石亦干，從名字上看為胡人無疑。唐長孺認為「當是出於西域之秦、涼胡人」，[87]陸慶夫亦說「極大可能是西域石國胡人」。[88]然而從名字來看，石亦干似非粟特人，倒是鮮卑人常用「亦干」為名，如與南

85　陳連慶：《漢唐之際的西域賈胡》，載《1983 年全國敦煌學術討論會文集（文史·遺書編）》，上冊，第 91 頁。

86　《晉書》卷一二六《禿髮烏孤載記》，第 3142 頁。

87　唐長孺：《魏晉南北朝史論叢》之《魏晉雜胡考》，第 417 頁。

88　陸慶夫：《略述五涼的民族分布及其融合途徑》，載《西北民族學院學報》1992 年第 1 期。

涼石亦干同時代的代人長孫肥，其孫名烏孤，其弟名亦干，名字與南
涼禿髮烏孤、石亦幹完全相同。尤其是《北史》卷九八《宇文莫槐傳》
記載，宇文逸豆歸有「驍將涉亦干」。「涉」、「石」音近，「涉亦干」
或即「石亦干」。由此可證，石亦干應當為鮮卑人，而非粟特人。上揭
《禿髮烏孤載記》列舉了他的政府班子，其中絕大多數為漢族，同時也
有「金石生、時連珍，四夷之豪雋」，為少數民族，另外還提到「史
暠、鹿嵩，文武之秀傑」。陸慶夫把史暠歸為「漢族世家名門」，從他
在禿髮利鹿孤時擔任祠部郎中並主張文治興學來看，似乎頗有其理；
但在禿髮傉檀時改任西曹從事，出使後秦都城長安，則似又體現了粟
特人常為使節的特點，因此也有可能是粟特史氏。此外，傉檀曾派「駙
馬都尉胡康伐沮渠蒙遜」，[89]亦有粟特人之嫌疑。[90]

　　北涼王國由後涼建康太守段業於三九七年創建，定都於史姓粟特
人的聚居地建康郡。上文說到在前涼時，來自京兆的祆教徒劉弘等人
在天梯第五山聚眾起事，發動政變，殺死國主張寔，而段業也是京兆
人，曾在天梯山中隱居，[91]他的上臺又得到了建康郡粟特人史惠的推
戴，透露出他與祆教徒或粟特人有著千絲萬縷的關系。不過，段業在
位僅四年，便為沮渠蒙遜所弒，歷史進入了沮渠氏北涼王國。

　　吐魯番安伽勒克古城出土的 65TIN：29《金光明經卷第二》題記

89　《晉書》卷一二六《禿髮傉檀載記》，第 3152 頁。

90　《晉書》卷一〇七《石季龍載記下附冉閔》提到一位「降胡粟特康」，第 2795 頁。唐
　　長孺《魏晉南北朝史論叢》之《魏晉雜胡考》（第 421 頁）云：「我想以粟特名稱出
　　現的應即是康國（或康居），……假使這個推測不誤，那末粟特康乃是粟特加上康，
　　不是隨便起名。史籍上姓粟特的就我所知雖然只此一人，但姓康的卻頗多。」准此，
　　南涼胡康也可能是一位粟特人。

91　《晉書》卷一二二《呂光載記》云：「命參軍京兆段業著《龜茲宮賦》以譏之」，「著
　　作郎段業以光未能揚清激濁，使賢愚殊貫，因療疾於天梯山」，第 3055、3059 頁。

云（圖 5-3）：

> 庚午歲八月十三日，於高昌城東胡天南太后祠下，為索將軍佛子妻息合家寫此《金光明》一部。[92]

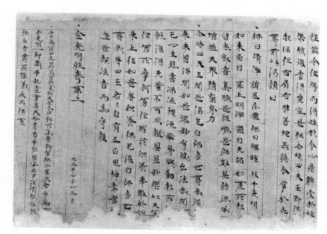

▲ 圖 5-3　65TIN: 29《金光明經卷第二》後部

對於這個「庚午歲」，大多學者持四三〇年說，[93]這表明在北涼統治下的高昌郡有粟特人生活，並在城東建立了祆教胡天的祭祀場所。吐魯番出土的《佛說首楞嚴三昧經》卷下為「清信士史良奴所供養經」，並且題有「維太緣二年歲在丙子（436）四月中旬，令狐廣嗣於酒泉勸助為優婆塞史良奴寫此經」。[94]該文書雖然出土於吐魯番，但題記中的「酒

92　《新疆維吾爾自治區博物館》，文物出版社 1991 年版，圖版 84。

93　關於該寫經題記年代的研究史，統見榮新江《吐魯番出土〈金光明經〉寫本題記與祆教初傳高昌問題》，載《西域文史》第 2 輯，科學出版社 2007 年版。李遇春等人提出的四九〇年說，證據欠足，影響不大。

94　黃文弼：《吐魯番考古記》，中國科學院 1954 年版，圖 9，文字說明見第 26 頁。

泉」當非後來的高昌北涼後裔政權及高昌王國的酒泉縣，[95]而是沮渠牧
犍統治下的河西酒泉郡（治今甘肅省酒泉市）。酒泉、建康二郡毗鄰，
儘管史良奴已從祆教改信佛教，但把他看作為粟特人當無問題。

　　關於北涼王國中的粟特人，最著名史料的是《北史》卷九七《西
域傳》「粟特國」條所記：

　　　其國商人先多詣涼土販貨，及魏克姑臧，悉見虜。文成初，粟特
　　王遣使請贖之，詔聽焉。自後無使朝獻。

從「先」字來看，粟特商人來到河西貿易已經頗有時日；從「多」、
「悉」及粟特王遣使請贖可知，來到涼州姑臧的粟特商胡人數不少，陳
國燦甚至認為他們組織了自己的武裝。[96]承玄年間（428-431），沮渠蒙
遜遣使朝貢北魏，在表文中說到「然商胡後至，奉公卿書，援引歷數
安危之機，屬以竇融知命之美」；四三九年，北魏太武帝下詔列數沮渠
牧犍的十二大罪狀，其中第四條說「切稅商胡，以斷行旅」。[97]這些北
涼境內及往來於姑臧與平城之間的商胡，顯然是以粟特為主的西域商
人。他們除了經商之外，還扮演著外交使節的角色。

　　四三九年年底，北魏攻克北涼國都姑臧，「徙涼州民三萬餘家於京
師」，[98]另外有部分被遷徙到北部緣邊諸鎮，其中就有粟特人史氏家
族：

95　參鄭炳林：《高昌王國行政地理區劃初探》，載《西北史地》1985年第2期；王素：
　　《高昌史稿，交通編》，文物出版社2000年版，第36、39、54、72頁。

96　陳國燦：《敦煌學史事新證》之《魏晉至隋唐河西胡人的聚居與火祆教》，第82頁。

97　《魏書》卷九九《盧水胡沮渠蒙遜傳》，第2204、2207頁。

98　《魏書》卷四上《世祖紀上》，第90頁；卷九九《盧水胡沮渠蒙遜傳》，第2208頁。

　　史寧，字永和，建康表氏人也。曾祖豫，仕沮渠氏為臨松令。魏平涼州，祖灌隨例遷於撫寧鎮，因家焉。[99]

《元和姓纂》卷六「史」條之首望為建康史氏，其可信的世系即從史寧敘起。如前所說，粟特史氏在西晉末、前涼初永嘉之亂時就已遷居到河西建康。經過史氏家族在本地區的發展，到北朝末及隋唐粟特史氏已經確立了建康郡望。[100]上揭後涼末、北涼初的建康郡人史惠，是建康史氏頗有實力的代表性人物。在沮渠氏北涼時期，史豫在盧水胡沮渠蒙遜的發祥地擔任臨松令，亦可見沮渠蒙遜父子對他的信任。北涼亡國後，史灌被北魏太武帝遷徙到撫寧鎮，並定居在那裡。該傳記載，北魏末年，其子史「遵遂率鄉里二千家奔恆州」，足見建康史氏的宗族極為龐大，勢力不可小覷。寇克紅把史寧視作為漢人，[101]但學界大多認為或傾向於是粟特人。[102]甘肅省高臺縣羅城鄉地埂坡 4 號墓前室北壁繪

99　《周書》卷二八《史寧傳》，第 465 頁。

100　吐魯番雅爾湖古墓出土了一方《麴氏高昌國延昌五年（565）建康史祐孝之墓表》，其郡望明確標作建康。見侯燦、吳美琳《吐魯番出土磚志集注》，上冊，第 97-98 頁。荒川正晴《ユーラシアの交通・交易と唐帝国》第 2 章「オアシス國家・游牧国家とソグド人」（名古屋大学出版会 2010 年版，第 50-55 頁）在探討麴氏高昌國的王權與粟特人關係時，所列「麴氏高昌國粟特諸姓任官表」中第十四位即為史祐孝，認為他是交河郡頗有勢力的粟特大族，推測是在北涼亡國後，隨著沮渠無諱從河西建康向西撤至西域交河。史祐孝的墓表極為簡略，如果說僅從姓名、任官兩方面不能完全判斷其為粟特人的話，那麼從河西建康向東遷到原州的史氏，則是典型的粟特人無疑，見羅豐：《胡漢之間——「絲綢之路」與西北歷史考古》參之十《流寓中國的中亞史國人》，第 235-236 頁。

101　寇克紅：《建康史氏考略》，載《社科縱橫》2008 年第 10 期。

102　羅豐：《胡漢之間——「絲綢之路」與西北歷史考古》，第 231-232 頁；吳玉貴：《涼州粟特胡人安氏家族研究》，載《唐研究》第 3 卷，1997 年；畢波：《中古中國的粟特胡人——以長安為中心》，第 64 頁。

有頭戴尖頂帽、鬚髮濃密的胡人形象的壁畫（圖5-4），[103]為粟特人生活在建康郡（治今高臺縣駱駝城）提供了證據。[104]

▲　圖5-4　甘肅省高臺縣羅城鄉地埂坡4號墓胡人壁畫

　　四四二年，沮渠無諱在高昌建立北涼後裔政權；到四六〇年，其弟安周為柔然所殺，北涼王國最終滅亡。此一時期的吐魯番文書也記載到高昌北涼王國中的粟特人，如75TKM99：6(a)《北涼承平八年（450）九月廿二日翟紹遠買婢券》云：「承平八年歲次己丑九月廿二日，翟紹遠從石阿奴買婢壹人，字紹女，年廿五，交與丘慈錦三張

103 徐光冀主編：《中國出土壁畫全集》第9冊《甘肅　寧夏　新疆》「36. 宴飲圖（局部一）」，第36頁。

104 園田俊介《河西画像磚墓にみえる胡人図像──魏晉期の酒泉を中心として──》（載《西北出土文獻研究》第5號，2007年）考察了酒泉、嘉峪關地區魏晉畫像磚墓中的胡人圖像，指出有披髮之羌族、髡髮之鮮卑、編髮之氐族、戴尖頂帽與三角帽之西域胡人。因與建康郡地域相鄰，時代亦近，可做參考。

半。」[105]這位石阿奴應當為粟特人，從事女奴買賣生意。

　　西涼王國由漢人李暠創建，擎舉漢文化旗幟，以籠絡河西西部漢族民眾的人心，粟特人的蹤跡絕少見到。S.113《西涼建初十二年（416）正月敦煌郡敦煌縣西宕鄉高昌里籍》登錄了居住在該里的十戶民眾，共有十二姓，他們大多為漢族，陳垣指出有兩戶呂氏為氏族呂光族姓，[106]而大府吏隨嵩之「妻曹年五十」，連繫到西晉末敦煌有粟特人曹祛以及西魏時有曹匹智拔、曹烏地拔，[107]這位曹姓婦女或許亦有粟特人之嫌疑。《高僧傳‧佛陀耶舍傳》載其「至罽賓得《虛空藏經》一卷，寄賈客，傳與涼州諸僧」。[108]從傳文記述來看，時間在四一三年以後。當時涼州由北涼沮渠蒙遜控制，但賈客從西域到涼州應當經由西涼。佛經通過商賈傳送，與前涼末互市人康兒的情況極為類似。這些活躍在罽賓、西涼與北涼之間的賈客，也應當以粟特人為主。[109]

---

105 唐長孺主編：《吐魯番出土文書》第壹冊，文物出版社 1992 年版，第 92-93 頁。450 年為庚寅年，與文書中的己卯年相差一年，但吐魯番文書中經常出現這種干支相差一年的現象。

106 陳垣：《跋西涼戶籍殘卷》，載《北京師範大學學報》1963 年第 2 期。

107 見 S.613v《西魏大統十三（547）年瓜州效谷郡計帳》。關於曹匹智拔、曹烏地拔的族屬，可參池田溫《中国古代籍帳研究——概觀‧錄文——》，第 37 頁；譚世保：《西魏大統十三年瓜州計帳戶籍（斯六一三號）文書研究（初篇）》，王仲犖主編《歷史論叢》第 5 輯，齊魯書社 1985 年版，第 84 頁。

108 釋慧皎：《高僧傳》卷二《譯經中‧晉長安佛陀耶舍傳》，中華書局 1992 年版，第 67 頁。

109 馬雍：《巴基斯坦北部所見「大魏」使者的岩刻題記》，載《西域史地文物叢考》，文物出版社 1990 年版，第 129-137 頁；〔法〕É.de la Vaissière，*Histoire des Marchands Sogdiens*，pp.85-91。〔日〕福島惠：《罽賓李氏一族攷——シルクロードのバクトリア商人——》第四章「バクトリアとソグド人との商業活動」，載《史學雜誌》第 119 編第 2 號，2010 年。

四、結語

通過鉤稽五涼時期的粟特人資料，可以發現，在五涼王國中自始至終都有粟特人的活動蹤跡，而且在政治、經濟、宗教、軍事等方面都頗為活躍。

在西晉五胡入華的時代大背景下，中亞粟特人紛紛東來，許多定居在河西走廊，尤其是涼州姑臧成了粟特人從事中轉貿易的大本營，前涼時的那你檗陀、互市人康兒及北涼時的商胡，就是流寓到河西走廊的粟特商人的代表。可以說，粟特人經商貿易的特點貫穿著五涼始終。

隨著經濟勢力的膨脹，以敦煌曹祛為代表的粟特人與同鄉大族張越弟兄聯合起來，反對前涼張軌，謀求河西地區的本地化統治，其勢力讓人刮目相看。張寔死於一群袄教徒之手，他們在天梯第五山中聚眾千餘人，同樣說明了這一點。後涼時，康寧不僅出任西平太守，而且起兵反抗呂光，自稱匈奴王，擁有極大的軍事力量。

前涼張駿積極向西擴張，設立了沙州及高昌郡，樓蘭的粟特人聚落也成為前涼統治下的編戶百姓。五涼的疆域「西苞蔥嶺」，[110]與粟特本土之間的交通聯絡也較為方便。前涼時，西胡向張軌進貢了拂菻製作的金胡瓶；後涼時，粟特人安據盜掘張駿墓，獲得大量奇珍異寶，都是前涼與西域商貿往來的明證。北涼時，往來於罽賓與涼州之間的賈客以及姑臧到平城的商胡，把絲綢之路東西方的商業貿易串了起來。

五涼時期，雖然粟特人入華不久，在他們身上保留了經商貿易、

---

110 《資治通鑑》卷一○○，東晉穆帝永和十二年（356）條，第3154頁。《晉書》卷八七《涼武昭王李玄盛傳》（第2246頁）記載李暠給東晉朝廷的上表中也說到「制御西域」。

信仰祆教、胡人聚落、充當使節等特點，有些實力強大的粟特人甚至還與諸涼政權發生衝突，這是地域利益與民族宗教之爭的反映，但越到後來越趨於融合，粟特人逐漸成為五涼王國中不可分割的組成部分。

河西走廊上的粟特聚落，除了軍事性的康寧集團外，還可以建康史氏為例，這支粟特人在西晉末、前涼初就已經移居到河西建康。前涼有史淑、史初、史融、史景、史稜等人，擔任中央到地方的各級文武官職；後涼有建康郡人史惠，是擁戴段業的實力派人物；北涼有史豫、史瀧父子及史良奴等；南涼有史暠，大多已經崛起於五涼的政治舞臺上。到了北朝及隋唐，形成建康史氏之郡望，自然是水到渠成之事。

（本文第一部分的壓縮修訂稿曾以「粟特人與前涼王國」為題單獨發表，載《內陸アジア言語の研究》XXX，2015 年，第 159-171 頁；第二、三部分則以「五涼後期粟特人蹤跡考索」為題，於二〇一五年四月二十四至二十六日在南開大學中國社會史研究中心主辦的「視角轉換與史實重建：第二屆古史新銳南開論壇」上宣讀討論。收入本書時作了統一整合與修訂）

後記

　　我生長在素有「絲綢之府」之稱的湖州長興，卻又來到了西北「絲綢之路」重鎮蘭州。屈指算來，來到黃河之濱的蘭州已經有二十一年了，而在故鄉浙江也恰好度過了二十一個年頭。在這樣一個似乎具有分水嶺意義的歲數，遠在江南故鄉的浙江大學要出版一本我的文集，讓我特別感激，感謝故鄉的師友惦記著我這個西北絲路上的遊子。

　　去年年底，我收到浙江大學歷史系劉進寶教授的郵件，他說浙江大學正在編輯一套《浙江學者絲路敦煌學術書系》，並徵稿於我。我自己覺得還算年輕，在這個年齡出版文集，有點誠惶誠恐，但來自故鄉的邀約，又讓我思緒萬千，感動盈懷。

　　於是，趁著寒假過年的閒暇，我檢點了自己發表的論文，決定從博士畢業十年來的已刊論文中選出若干篇，在今年教學之餘與暑假期間加以編輯、修訂、整合乃至新撰，最後確定了收入本集的五篇論文。

　　前兩篇論文是關於歸義軍制度史的。《歸義軍官吏的選任與遷轉》原本是六年前赴四川大學參加「第三屆中國俗文化國際學術研討會暨

項楚教授七十華誕學術討論會」的論文，曾在會上宣讀討論，但因篇幅過長，難以大幅壓縮，遂商請四川大學不收入會議論文集，獲得同意。恰承劉屹、龔敏二兄邀約在香港大學饒宗頤學術館出版，乃轉交該館於二〇一一年單行刊出。因在香港出版，內地學者較少見到，所以在徵得該館同意授權的情況下，略作修訂後收入本集，在此向香港大學饒宗頤學術館及鄭煒明博士和羅慧、陳德好小姐表示感謝！

《歸義軍鎮制考》初刊於《敦煌吐魯番研究》第九卷，距今已近十年。之所以考慮收入本集，是去年夏天以坂尻彰宏准教授為首的科研研究班考察了歸義軍二州八鎮，並在蘭州與我交流討論，邀我於今年九月二十六日赴大阪大學參加「出土文字資料と現地調查による河西迴廊オアシス地域の歷史的構造」工作坊會議。今夏，我組織研究生及學術同行實地踏查了歸義軍諸鎮，並在大阪大學會議上評論了坂尻氏《景觀・遺跡からみた敦煌オアシス地域の歷史的構造──十世紀前後の「二州八鎮」を中心に──》等論文，就該問題與日本學者進行交流，獲得了一些新的認知。該文收入本集時做了一定程度的修改。感謝一同協力考察的蘭州財經大學高啟安教授、瓜州縣張芝文化產業園李旭東副主任、玉門市博物館王璞副館長、蘭州大學楊潔講師及甘肅省各文博單位的友人，沒有他們的大力幫助與關照，是不可能圓滿完成這次學術考察的。

第三、四篇論文是關於敦煌大族的。《漢唐敦煌大族與西域邊防》是三年前赴新疆博物館參加「二〇一二中國敦煌吐魯番學會理事會暨絲路歷史文化研討會」的論文，收入翌年出版的《絲路歷史文化研討會論集：二〇一二》中。該論集由新疆科學技術出版社出版，找尋頗為不易，甚至連有的作者都未能拿到樣書，所以這次趁機對之略加修訂，收錄於本集之中。

　　《敦煌大族與五凉王國》是在四篇已刊論文的基礎上加以整合而成
的。其中，《敦煌大族與前凉王國》是八年前留學回國前夕，應大阪大
學森安孝夫教授之約，為《內陸アジア言語の研究》第二十四號所撰
之文，後來得到森安教授及荒川正晴教授的同意授權，收入余欣教授
主編的《存思集：中古中國共同研究班論文萃編》中。另三篇論文原
為一文，題作《十六國後期敦煌大族的動向考析》，應當時執教於南京
師範大學的劉進寶教授之約而撰，但因篇幅所限，遂將部分內容抽
出，以「敦煌大族與前秦、後凉」為題刊於《南京師大學報》二〇一
二年第二期，另兩部分則以「敦煌大族與西凉王國關係新探」、「敦煌
大族、名士與北凉王國」為題，連載於《敦煌吐魯番研究》第十三、
十四卷。這次編輯本集，遂將四篇論文合為一篇，作為一個完整的專
題。

　　末篇論文《粟特人與五凉王國》原本是為今年京都大學吉田豐教
授與大阪大學荒川正晴教授的還曆紀念而撰，也因篇幅限制，抽出前
半部分並作壓縮，以「粟特人與前凉王國」為題刊於《內陸アジア言
語の研究》第三十號；後半部分則以「五凉後期粟特人蹤跡考索」為
題，提交參加今年四月南開大學舉辦的「視角轉換與史實重建：第二
屆古史新銳南開論壇」。考慮到兩文本為一篇，同屬五凉史領域，在徵
得荒川教授同意授權的情況下，恢復前文原來篇幅並對兩文進行合併
與補充修訂，也一併予以收錄。

　　以上五篇論文涉及歸義軍制度、敦煌大族、粟特人與五凉史等方
面，反映了我近十年在敦煌學、五凉史領域的代表性成果，也展現了
我的學術轉變軌跡，所以書名取作《敦煌學與五凉史論稿》。這些論文
的寫作曾得到許多師友在資料或觀點批評上的大力幫助，這在初刊各
篇的文末均予註明，這裡恕不一一再列。這些論文大多在我主持的蘭

州大學「西北出土文獻與中古歷史研讀班」或「中國古代史研討班」上進行研討，也曾在給二〇一四級博士、碩士研究生開設的「魏晉隋唐史專題」課上討論過，在此對諸位班員及同學所提的寶貴意見表示謝意！博士生朱豔桐、王蕾，碩士生馮霞、殷盼盼及中國古代史研究所碩士生李建雄通讀了書稿，提出了一些問題，糾正了若干錯字，並且幫助核對了所有引文，張麗娜幫助處理了插圖，在此深表感謝。

感謝浙江大學出版社出版我的文集，我雖然遠在西北，卻感受到來自故鄉的溫暖。劉進寶教授是蘭州榆中人，曾執教於西北師範大學敦煌學研究所，在蘭州時就與我相熟，時相教誨，如今又調到故鄉的浙江大學工作，更加覺得親近。一直以來，浙江大學盧向前、張湧泉、許建平教授及母校杭州師範大學諸位授業恩師對我關懷有加，眷顧提攜。此種感激之情常存於心底焉。

需要說明的是，這些論文在最初發表時，曾得到教育部新世紀優秀人才支持計劃項目「敦煌官文書與唐五代地方政府的運作」（NECT-04-0976）、高等學校全國優秀博士學位論文作者二〇〇七年專項資金資助項目「唐宋變革期職官制度變遷研究」（2007B13）、國家社科基金項目「漢宋間敦煌大族研究」（11BZS011）、蘭州大學中央高校基本科研業務費「一帶一路」專項資金重點項目「絲綢之路商業民族——粟特人在甘肅的基礎數據調查與研究」（15LZUJBWZD007）等項目的資助，謹此說明並感謝！

馮培紅

2015 年 10 月 5 日撰於蘭州

10 日修訂於杭州

又記

　　去年十月此書交稿時，作者簡介中所署單位寫的是蘭州大學歷史文化學院，但今年四月我調到浙江大學人文學院歷史系工作，所以在校稿時更新了工作單位。沒有想到在西北待了二十二年後，我竟又回到了故鄉浙江，真正加入浙江的絲路敦煌研究團隊中。雖然告別了西北，但我研究的是敦煌學與西北史，會經常去西北的。不能忘懷蘭州大學對我的培養，那裡是我學術的起點，我也把最青春的歲月留在了那裡。西北有我的許多恩師與摯友，這本小小的文集謹獻給蘭州大學劉滿教授。責任編委劉進寶教授通閱審讀了書稿，提出寶貴的修改意見；責任編輯胡畔女士精心編校，指正書中的若干疏誤，以及張小蘋編輯的前期聯絡和關照，在此一併表示感謝！

馮培紅

2016 年 8 月 5 日於巴彥浩特

地域文化研究叢書 · 敦煌文化研究叢刊　A0204026

敦煌學與五涼史論稿　下冊

作　　　者	馮培紅	
版權策畫	李煥芹	
責任編輯	曾湘綾	

發 行 人	陳滿銘
總 經 理	梁錦興
總 編 輯	陳滿銘
副總編輯	張晏瑞
編 輯 所	萬卷樓圖書股份有限公司
排　　版	菩薩蠻數位文化有限公司
印　　刷	百通科技股份有限公司
封面設計	菩薩蠻數位文化有限公司

出　　版　昌明文化有限公司

桃園市龜山區中原街 32 號

電話 (02)23216565

發　　行　萬卷樓圖書股份有限公司

臺北市羅斯福路二段 41 號 6 樓之 3

電話 (02)23216565

傳真 (02)23218698

電郵 SERVICE@WANJUAN.COM.TW

大陸經銷

廈門外圖臺灣書店有限公司

　　電郵 JKB188@188.COM

ISBN 978-986-496-451-2

2019 年 3 月初版

定價：新臺幣 300 元

如何購買本書：

1. 轉帳購書，請透過以下帳戶

　合作金庫銀行　古亭分行

　戶名：萬卷樓圖書股份有限公司

　帳號：0877717092596

2. 網路購書，請透過萬卷樓網站

　網址 WWW.WANJUAN.COM.TW

大量購書，請直接聯繫我們，將有專人為您

服務。客服：(02)23216565 分機 610

如有缺頁、破損或裝訂錯誤，請寄回更換

版權所有·翻印必究

Copyright©2019 by WanJuanLou Books CO., Ltd.

All Right Reserved　　　　**Printed in Taiwan**

國家圖書館出版品預行編目資料

敦煌學與五涼史論稿　下冊 / 馮培紅著. --
初版. -- 桃園市：昌明文化出版；臺北市：
萬卷樓發行, 2019.03
　冊；　公分
ISBN 978-986-496-451-2(下冊：平裝)

1.敦煌學

797.9　　　　　　　　　　　108003191

本著作物經廈門墨客知識產權代理有限公司代理，由浙江大學出版社授權萬卷樓圖書股份
有限公司出版、發行中文繁體字版版權。

本書為真理大學產學合作成果。

校對：喬情／臺灣文學系